C.H.BECK ■ WISSEN
in der Beck'schen Reihe

W0170926

Das Werk Friedrich Schillers, der vor 200 Jahren starb, hat in ganz Europa gewaltige Resonanz gefunden. Peter-André Alt zeigt in seiner Einführung die Vielseitigkeit und Originalität Schillers. Er vermittelt Einblicke in sein dramatisches Œuvre, analysiert seine lyrischen Arbeiten und ästhetischen Schriften, beleuchtet den Erzähler und Historiker, den Publizisten und akademischen Lehrer. Sichtbar wird auf diese Weise die Welt eines exzellenten Diagnostikers der Moderne, der die Dialektik von Idee und Wirklichkeit mit ebenso großem Scharfsinn erschloß wie die Abgründe der Politik und die Labyrinthe der menschlichen Leidenschaft.

Peter-André Alt, geb. 1960, ist Professor für Neuere deutsche Literaturgeschichte an der Universität Würzburg. Sein zentrales Arbeitsgebiet bildet die deutsche Literatur des 17. und 18. Jahrhunderts. Bei C. H. Beck erschienen von ihm: *Friedrich Schiller. Leben – Werk – Zeit* (2 Bände) (2000), *Der Schlaf der Vernunft. Literatur und Traum in der Kulturgeschichte der Neuzeit* (2002).

Peter-André Alt

FRIEDRICH SCHILLER

Verlag C. H. Beck

Vorbemerkung

Schillers Texte werden zitiert nach der Nationalausgabe (Weimar 1943 ff., begr. v. Julius Petersen, fortgef. v. Lieselotte Blumenthal und Benno v. Wiese, seit 1992 im Auftrag der Stiftung Weimarer Klassik und des Schiller-Nationalmuseums Marbach a. N. hg. v. Norbert Oellers). Nachweise erfolgen bei Versdramen und lyrischen Texten unter Angabe des Verses, bei Prosatexten, theoretischen und historiographischen Schriften sowie Briefen unter Angabe des Bandes und der Seitenzahl. Die Bibliographie im Anhang des Buchs führt weitere Editionen, Dokumentationen zur Wirkungsgeschichte und wichtige Forschungsliteratur auf. Neben der Nationalausgabe, die als historisch-kritische Edition für jede wissenschaftliche Auseinandersetzung mit Schiller unabdingbar ist, empfiehlt sich als Leseausgabe mit vollständigem und kurz kommentiertem Text: Friedrich Schiller, Sämtliche Werke. Aufgrund der von Herbert G. Göpfert durchgesehenen Originaldrucke hg. v. Peter-André Alt, Albert Meier und Wolfgang Riedel. 5 Bde., München 2004.

Originalausgabe
© Verlag C. H. Beck oHG, München 2004
Gesamtherstellung: Druckerei C. H. Beck, Nördlingen
Umschlagabbildung: Friedrich Schiller, Gemälde von
Ludovike Simanowiz (1793/94), Schiller-Nationalmuseum, Marbach
Umschlagentwurf: Uwe Göbel, München
Printed in Germany
ISBN 3 406 50857 X

www.beck.de

Inhalt

I Erfolg.
Eine Biographie im Zeichen des Ruhms

Friedrich Schillers Leben stand unter dem Diktat der literarischen Arbeit. Große Amouren, religiöse Leidenschaften, Verwerfungen, Konversionen und Reisen hat es in diesem Leben nicht gegeben. Orte wie Genua, Madrid, Venedig, Eger, London, Orléans oder Messina hat Schiller nur in der Phantasie, jenseits der praktischen Erfahrung kennengelernt. Anders als Goethe saß er niemals am Kabinettstisch eines deutschen Fürstenhofs; den Spuren des antiken Rom ist er im Gegensatz zu den großen Italienreisenden seiner Zeit nicht selbst nachgegangen; die Französische Revolution blieb für ihn ebenso ein Zeitungsereignis wie der Krieg der alten Mächte gegen Frankreich und der Aufstieg Napoleon Bonapartes. Er lebe, so schreibt er am 16. Oktober 1795 während der Konzeption der Abhandlung *Ueber naive und sentimentalische Dichtung*, zwischen «Papiernen Fensterscheiben» und habe ausschließlich «Papier» vor sich (28, 78), ohne im Schatten seiner literarischen Tätigkeit einen Eindruck von den äußeren Veränderungen der Natur oder den Stürmen des politischen Lebens gewinnen zu können.

Schiller bedurfte der empirischen Anschauung nicht, um ein literarischer Weltbürger zu werden. Unter der Regie seiner Imagination bereiste er die Geschichte Europas, an deren zentralen Konfliktfällen und Umbrüchen er seiner eigenen Zeit die Diagnose stellte. Nach seinem Verständnis sah Schiller sich nicht ausschließlich als Schriftsteller der Deutschen, sondern in der Rolle des kosmopolitischen Autors, dessen intellektuelle Aufmerksamkeit den historischen Prozessen der europäischen Kultur, kaum aber nationalen Einzelinteressen galt. Friedrich Heinrich Jacobi erläutert er am 25. Januar 1795 unter Bezug auf das Bildungsprogramm der neu begründeten Zeitschrift *Die Horen*: «Wir wollen, dem Leibe nach, Bürger unserer Zeit seyn und bleiben, weil es nicht anders seyn kann; sonst aber und dem Geiste nach ist es das Vorrecht und die Pflicht des Philosophen wie des Dichters, zu keinem Volk und zu keiner Zeit zu gehören, sondern im eigentlichen Sinne des Worts der Zeitgenoße aller Zeiten zu seyn.» (27, 129) Durch den hier umrissenen Anspruch, mit den Mitteln der Imagination die engen Grenzen von Erfahrung und Vernunft, von Nation und Epoche zu sprengen, gehört Schillers Werk zum kosmopolitischen Projekt der europäischen Aufklärung und damit zur Weltliteratur.

Schillers Leben, das schon im 46. Jahr nach langer Krankheit zu Ende ging, war geprägt durch literarische Anerkennung und einen künstlerischen Ruhm, wie ihn zuvor – mit Ausnahme Goethes – kein zweiter Autor in Deutschland errungen hatte. Bereits der 22jährige wird nach der bejubelten Mannheimer Uraufführung seines Debütdramas *Die Räuber* (13. Januar 1782) zu einem gefeierten Schriftsteller, dem Rezensenten eine glänzende Zukunft voraussagen. In einem Augenzeugenbericht heißt es über die eruptive Wirkung der Premiere: «Das Theater glich einem Irrenhause, rollende Augen, geballte Fäuste, stampfende Füße, heisere Aufschreie im Zuschauerraume! Fremde Menschen fielen einander schluchzend in die Arme, Frauen wankten, einer Ohnmacht nahe, zur Türe. Es war eine allgemeine Auflösung wie im Chaos, aus dessen Nebeln eine neue Schöpfung bricht.»

Die zunehmende Alphabetisierung der Bevölkerung, ein expandierender Buchmarkt, das Anwachsen des weiblichen Lesepublikums und die Ausbreitung bürgerlicher Wertvorstellungen im Zeichen des Gefühlsideals der Empfindsamkeit bildeten die äußeren Voraussetzungen für die gesellschaftliche Anerkennung, die ein Schriftsteller im ausgehenden 18. Jahrhundert gewinnen konnte. Formen einer kultischen Verehrung durch das Publikum hatten sich bereits bei Klopstock und beim jungen Goethe gezeigt, dessen *Werther*-Roman (1774) seinem Verfasser eine bis dahin beispiellose Erfolgsgeschichte bescherte. Schiller arbeitete mit Energie und Realitätssinn an der Vermehrung seines Ruhms, war auf die Schaffung hilfreicher gesellschaftlicher Verbindungen bedacht und organisierte geschäftstüchtig die erforderlichen Kontakte zu einflußreichen Vertretern des literarischen Deutschland. Durch eigene Zeitschriften schuf er sich frühzeitig ein Forum, das der Verbreitung seiner künstlerischen Ziele diente. Das *Wirtembergische Repertorium*, das der 22jährige gemeinsam mit früheren Kommilitonen ins Leben gerufen hatte, die *Thalia* (1785–95) und *Die Horen* (1795–97) wurden für ihn zur publizistischen Plattform, die es ihm erlaubte, durch die Veröffentlichung poetischer Arbeiten, Rezensionen und theoretischer Abhandlungen Strategien einer Geschmackspolitik zu entwickeln, die das Publikum mit seinen ästhetischen Normen bekanntmachen und in deren Sinn bilden sollten. Gefördert wurde Schiller dabei durch aufstrebende Verleger, die ihm günstige Bedingungen für die wirksame Verbreitung seiner Schriften boten: durch den Freund Georg Joachim Göschen in Leipzig, der den *Don Karlos* und die *Thalia* druckte, durch Siegfried Leberecht Crusius, der seine historischen Arbeiten und die vierbändige Sammlung seiner Prosaschriften veröffentlichte, und durch Johann Friedrich Cotta, den bedeutsamsten ‹Medienunternehmer› der Goethezeit, mit dem sich Schiller 1794 zu einer außerordentlich fruchtbaren Zusammenarbeit verband.

Cotta vor allem war es, der Schiller materielle Sicherheiten verschaffte, die in Zeiten ungeschützter Urheberrechte keine Selbstverständlichkeit darstellten. Zwar war 1794 in Preußen durch das *Allgemeine Landrecht* nach englischem Vorbild (1710) der Status literarischer Urheberschaft juristisch abgesichert worden, jedoch führte das erst zu Beginn des 19. Jahrhunderts zu einer Eindämmung des Raubdruckerunwesens, das die Verdienstmöglichkeiten freier Autoren empfindlich einschränkte. Cotta schloß mit Schiller, abweichend von den Gepflogenheiten des zeitgenössischen Literaturbetriebs, Verträge ab, die nicht nur die einmalige Vergütung von Manuskripten fixierten, sondern auch für weitere Auflagen Honorarzahlungen in Aussicht stellten. Da zumal seine Dramen und der von ihm zwischen 1795 und 1799 herausgegebene Musenalmanach beträchtliche Verkaufsquoten erzielten, kam ihm diese Regelung unmittelbar zugute. An den kontinuierlich wachsenden Auflagenziffern läßt sich Schillers Stellung auf dem Literaturmarkt der Zeit um 1800 besonders eindrucksvoll dokumentieren (wobei zu bedenken ist, daß Quoten jenseits der

Tausendergrenze damals aufgrund des regen privaten Leihver-
kehrs äußerst selten waren): Von der *Wallenstein*-Trilogie wurden in den ersten drei Jahren (bis zum Sommer 1802) in zwei Auflagen 5500 Exemplare verkauft, von der (durch Goethes Verleger Unger in Berlin gedruckten) *Jungfrau von Orleans* innerhalb
eines Jahres (bis zum Herbst 1802) 4000 Stück, von der *Braut
von Messina* im selben Zeitraum (bis zum Sommer 1804) 6000,
vom *Wilhelm Tell* in nur einem Monat – innerhalb des Oktober
1804 – 7000, bis zum Ende des Jahres 1804 10 000. Wenn man
sich vergegenwärtigt, daß Goethes *Werther* drei Dekaden zuvor
mit 4500 verkauften Exemplaren das singuläre Erfolgsbuch der
Epoche war, wird das Ausmaß von Schillers ökonomischem Erfolg deutlich sichtbar.

Daß der Autor selbst durchaus in den Kategorien der wirtschaftlichen Sicherheit dachte, verrät neben seiner Verlegerkor-
respondenz auch der *Calender*, den er regelmäßig anstelle eines
Tagebuchs mit knappen Notizen über geleistete Arbeiten, Besuche und seinen Briefwechsel füllte (41, 5–262). Dort trug er zudem hausväterlich-sorgfältig Einnahmen und Ausgaben ein, regi-
strierte den Eingang von Honorarzahlungen, den Abschluß neu-
er Verträge und die Kalkulation seiner Lebenshaltungskosten. Es
ist bezeichnend, daß Schiller kein intimes Journal, sondern ein
Notizbuch führte, das den Charakter eines Finanzplans für den
Alltag besaß. Bedeutsamer als der Bekenntnischarakter der
Selbstaussprache schien die Organisation der wirtschaftlichen
Existenz, deren unter den Bedingungen des Erfolgs wachsende
Sicherheit er in Jena (ab 1789) und Weimar (ab 1799) außeror-
dentlich genoß.

Allein in den Jahren zwischen 1800 und 1804 erhielt Schiller
aus der Hand Cottas insgesamt 8200 Taler. Die finanzielle
Großzügigkeit seines Verlegers erlaubte es ihm, seine Bühnen-
manuskripte bereits kurz vor der Uraufführung in Druck zu geben. Er ging damit das Risiko ein, Einnahmen aus Theater-
inszenierungen einzubüßen, da die Direktorien nur für die Ein-
studierung noch unpublizierter Dramen Tantiemen zu zahlen
verpflichtet waren. Der genau rechnende Schiller konnte sich
diesen Luxus freilich leisten, da ihn Cotta fürstlich entlohnte, so

daß die Einbuße an Tantiemen durch den Manuskripterlös aufgefangen wurde. Hinzu kam, daß sich zahlreiche Bühnen – insbesondere in der Zeit nach dem *Wallenstein* – um eine möglichst frühzeitige Aufführung seiner Arbeiten bemühten und die Inszenierungsrechte bereits vor der Publikation des jeweiligen Textes erwarben.

Zur materiellen Sicherheit, die es dem Familienvater Schiller nach 1795 gestattete, ein auskömmliches Leben zu führen, gesellen sich bereits frühzeitig die Zeichen des sozialen Erfolgs. Ende Dezember 1785 verlieh ihm der Herzog Carl August nach einer Lesung aus dem noch unveröffentlichten *Don Karlos* in Darmstadt den Titel eines *Weimarischen Rates*, der freilich mit keinerlei finanziellen Gratifikationen verbunden war. Mitte Dezember 1788 erfolgte, angeregt durch Goethe, die Berufung auf eine außerordentliche Professur für Philosophie an der Universität Jena, zu Beginn des Jahres 1790 – nach der Verlobung mit Charlotte von Lengefeld – die Ernennung zum Hofrat durch den Erbprinzen von Sachsen-Coburg, die Herzog Carl August um eine jährliche Besoldung in Höhe von 200 Talern ergänzte. Nach seiner schweren Erkrankung im Januar 1791 unterstützte ihn der dänische Prinz Friedrich Christian von Schleswig-Holstein-Sonderburg-Augustenburg für die Dauer von 36 Monaten durch ein auf 1000 Taler bemessenes Jahresstipendium, da er mit Rücksicht auf seinen Gesundheitszustand keine Vorlesungen mehr halten konnte und folglich auf geregelte Einkünfte aus Hörergebühren verzichten mußte. Ende August 1792 ernennt ihn die Pariser Nationalversammlung gemeinsam mit 16 anderen Ausländern – darunter Klopstock, Campe, Pestalozzi und George Washington – auf Vorschlag des Schriftstellers Marie-Joseph Chénier zum Ehrenbürger Frankreichs, weil er nach Auffassung des Komitees durch seine literarischen Arbeiten und seinen persönlichen Mut einen wegweisenden Beitrag zur Befreiung der Menschen von Unfreiheit und Not geleistet habe («qui, par leurs écrits et par leur courage, ont servi la cause de la liberté, et préparé l'affranchissement des peuples»; 37/II, 316). Der letzte Schritt auf der Stufenleiter der gesellschaftlichen Anerkennung wird zehn Jahre später vollzogen. Auf Initiative des Geheimrats

Voigt beantragt Herzog Carl August im Juni 1802 beim Kaiser in Wien Schillers Erhebung in den (erblichen) Adelsstand. Voigts schriftliche Begründung betont zumal, daß er durch «seine vortrefflichen Gedichte» dem «Geiste der deutschen Sprache und des deutschen Patriotismus» maßgebliche Dienste geleistet habe (31, 526). Der Adelsbrief wird, nachdem der Hofkanzler Fürst Colloredo-Mansfeld das Weimarer Ansinnen beim Kaiser erfolgreich vertreten hat, am 7. September 1802 in Wien unterzeichnet. In den Hofkalender von 1803 läßt Schiller seine kompletten Titel einschließlich des 1780 in Stuttgart erworbenen medizinischen Doktorgrades aufnehmen; der Eintrag ist daher auch die Bilanz seines sozialen Aufstiegs: «Herr D. F. v. Schiller, Bürger von Frankreich, Herzoglich Großmeiningischer Hofrat».

Als Schiller am 9. Mai 1805 stirbt, läßt er seine Ehefrau Charlotte und die vier Kinder in materiell stabilisierten Verhältnissen zurück. Das im März 1802 von dem englischen Diplomaten, Übersetzer und Schriftsteller Joseph Charles Mellish of Blythe für 4200 Taler erworbene achtzimmrige Haus an der Weimarer Esplanade ist nahezu schuldenfrei. Der Erlös der Sammelausgabe von Schillers Dramen, die Cotta noch zu Lebzeiten des Autors unter dem Titel *Theater* plante, erbringt der Witwe 10 000 Taler Reingewinn. Zwischen 1812 und 1825 fließen aus weiteren Auflagen dieser Edition allein 30 000 Taler Honorar – Summen, die den Hinterbliebenen jene Sicherheiten bieten, über die Schiller selbst erst in den letzten fünf Jahren seines Lebens verfügte.

Neben den lichtvollen Seiten im Zeichen des Ruhms treten jedoch in Schillers Biographie auch dunkle Punkte hervor. In entscheidenden Momenten kommt es immer wieder zu schwerwiegenden Rückschlägen, die seine Pläne durchkreuzen. Als Dreizehnjähriger wird der Ludwigsburger Lateinschüler durch Anordnung des Herzogs Carl Eugen aus der intimen Welt der Familie gerissen und in die Militär-Pflanzschule auf der zwischen Stuttgart und Leonberg gelegenen Solitude aufgenommen. Die sieben Jahre, die Schiller als Gymnasiast, Student der Rechte (1774–76) und Medizinstudent (1776–80) in diesem 1775 – nach der Verlegung nach Stuttgart – zur *Hohen Karlsschule* mit Universitätsrang ernannten Institut zubringt, verschaffen ihm zwar ein reiches Bildungswissen (vor allem durch den modernen Philosophieunterricht seines Lehrers Jakob Friedrich Abel), bedeuten jedoch zugleich eine bedrückende Existenz unter militärisch strengen Bedingungen im Zeichen von Kontrollzwang und Überwachung. Angesichts der lückenlosen Regularien eines kasernenähnlichen Alltags, die Abweichungen von den geforderten Verhaltensformen strikt bestraften, durften private Bedürfnisse und Wünsche nur klandestin, in schmalen Nischen ausgelebt werden. Der Preis, den Schiller für den Erwerb seiner umfassenden Bildung auf den Feldern der Philosophie, Psychologie, Literatur und Geschichte zahlen mußte, bestand in den Zwängen der Depersonalisierung, die das vom Herzog ersonnene Reglement durch seine Egalisierungstendenzen bewirkte.

Die Freiheit, die Schiller nach der im Dezember 1780 erfolgten medizinischen Promotion zu erlangen hofft, erweist sich rasch als Schimäre. Im Rang eines Regimentsarztes, dessen Dienstpflichten aus monotonen Routineuntersuchungen bestehen, bleibt er in Stuttgart von seinem despotischen Landesherrn abhängig. Der Ruhm, den ihm die Mannheimer Premiere der – noch in der Karlsschulzeit beendeten – *Räuber* einträgt, hat einen bitteren Beigeschmack. Ende Juni 1782 verhängte Carl Eugen gegen Schiller eine vierzehntägige Haft, weil er im Mai ohne Urlaubsgenehmigung nach Mannheim gereist war, um dort eine weitere Aufführung seines Debütdramas zu sehen. Als ihm der Herzog Ende September 1782 aufgrund öffentlicher Proteste gegen die *Räuber* die Publikation weiterer belletristischer Texte untersagte – die Vertreter Graubündens hatten sich empört darüber geäußert, daß ihre Region im Stück als «Athen der heutigen Jauner» (3, 55) bezeichnet wurde – beschloß der Regimentsarzt die Flucht. Er habe, so erinnert sich Schiller 1785, «mitten im Genuß des ersten verführerischen Lobes, das ungehofft und unverdient aus entlegenen Provinzen» zu ihm gedrungen sei, «Familie und Vaterland» geopfert, weil er «tausend einschmeichelnde Ahndungen künftiger Größe» in sich spürte, die er unter dem herzoglichen Verdikt nicht habe ersticken lassen können (22, 94).

Gemeinsam mit seinem Freund, dem Musiker Andreas Streicher, bricht er in der Nacht des 22./23. September aus Stuttgart auf, passiert unter falschem Namen das Stadttor und verläßt in den Morgenstunden die Neckarebene. Sein Ziel ist Mannheim, wo er beim Intendanten Dalberg, der im Januar die *Räuber* aufgeführt hatte, nach dem Zusammenbruch seiner bürgerlichen Existenz eine erste Anlaufstelle sucht. Aber die hochfliegenden Erwartungen, die Schiller an die neuen Aussichten knüpft, erweisen sich rasch als illusionär. Seine mühsam errungene Position als Mannheimer Theaterdichter mit dramaturgischen Beratungsfunktionen, in die er im Sommer 1783 berufen wird, steht unter einem unglücklichen Stern. Die Beziehung zu den Schauspielern des Ensembles ist gespannt, weil Schiller sie künstlerisch überfordert und öffentlich abkanzelt; die beiden neuen Dramen – *Die Verschwörung des Fiesko zu Genua*, *Kabale und Liebe* – setzen sich beim Publikum nicht durch; der bereits Ende 1782 begonnene *Don Karlos* bleibt vorerst Fragment; das Projekt einer Bühnenzeitschrift nach dem Muster von Lessings *Hamburgischer Dramaturgie* (1767–69) gelangt über das Entwurfsstadium nicht hinaus; das Geschäftsverhältnis zum Mannheimer Verleger Schwan gestaltet sich schwierig, zumal der patriarchalische Unternehmer nur spärliche Honorare zahlt; erhebliche Schulden treiben Schiller an den Rand des bürgerlichen Ruins; die Liebesneigung zu Schwans Tochter und der Schauspielerin Katharina Baumann findet keine Erwiderung; die heftige Affaire mit der unglücklich verheirateten Charlotte von Kalb bietet keinen Ausgleich für den enttäuschungsreichen Alltag des Theaterautors. Daß der opportunistische Intendant Dalberg den Vertrag seines glücklosen Mitarbeiters aus Rücksicht auf das rebellierende Ensemble im August 1784 nicht verlängert, wird zum Höhepunkt in der Serie der negativen Erfahrungen, die Schiller in dieser Lebensperiode sammeln muß.

Es gehört gleichwohl zu den Grundmustern in Schilles Leben, daß ihm in Notlagen Unterstützung durch generöse Helfer zuteil wird. War es während der Flucht der Freund Streicher, der seine finanziellen Engpässe überbrückte, so kommt die Rettung nach der Mannheimer Entlassung durch vier enthusiastische Verehrer, die dem jungen Autor Anfang Juni 1784 zwei Huldigungsbriefe mit ihren auf Gips gezeichneten Porträts zugestellt hatten. Es

handelt sich um den knapp 28jährigen Dresdener Oberkonsisto-
rialrat Christian Gottfried Körner, dessen sechs Jahre jüngere
Verlobte Minna Stock, ihre Schwester Dora und deren Freund,
den 20jährigen Übersetzer und Publizisten Ludwig Ferdinand
Huber. Im Kreis Körners findet Schiller ab dem Spätsommer
1785 jene Mischung aus intellektueller Anregung und innerer
Ruhe, die er nach den Mannheimer Enttäuschungen benötigt,
um sein großes *Karlos*-Projekt abzuschließen. Der kunstsinnige
Freund Körner ist es auch, der Schiller finanziell unterstützt, ihn
beim Abtragen seiner Schulden berät und durch sein sensibles ästhetisches Urteilsvermögen den Weg von der eruptiven Tendenz
der frühen Arbeiten zu einer neuen künstlerischen Phase im Zeichen der Antikebegeisterung anbahnt.

Die bis zum Spätsommer 1787 währende Dresdener Periode
steht im Zeichen der freien literarischen Arbeit ohne Amt. Als
«Weltbürger, der keinem Fürsten dient» (22, 93), hatte sich
Schiller im Frühjahr 1785 charakterisiert; jetzt folgt er dem hier
umrissenen Selbstbild mit der Konsequenz des Heimatlosen,
dessen Ungebundenheit Verheißung und Risiko zugleich bedeutet. Daß er gerade in dieser Zeit die soziale Anerkennung – und
damit auch den ‹Fürstendienst› – sucht, verrät der Tonfall der
dem Weimarer Herzog geltenden Widmungsrede, die er im
März 1785 dem Abdruck des ersten *Karlos*-Auszugs in der neu
gegründeten *Rheinischen Thalia* voranstellt: «Wie teuer ist mir
zugleich der jetzige Augenblick, wo ich es laut und öffentlich sagen darf, daß Carl August, der edelste von Deutschlands Fürsten und der gefühlvolle Freund der Musen, jetzt auch der meinige sein will, daß Er mir erlaubt hat, Ihm anzugehören, daß ich
Denjenigen, den ich lange schon als den edelsten Menschen
schätzte, als meinen Fürsten jetzt auch lieben darf.»

Als Schiller im August 1787 von Dresden nach Weimar in das
Mekka der deutschen Literatur reist, verfolgt er gezielt den
Plan, das Bündnis mit Carl August zu vertiefen. Freilich scheint
der Zeitpunkt seines Besuchs denkbar ungünstig gewählt. Der
Herzog ist eben zu einem Besuch in Potsdam aufgebrochen,
um dort auf Einladung des preußischen Königs Friedrich Wilhelm II. an einem Manöver teilzunehmen; sein Geheimer Rat

Goethe hält sich seit einem knappen Jahr in Italien auf. Daß Schiller trotz dieser ungünstigen Konstellation in Weimar rasch Fuß faßt, wird durch die Verbindung mit Wieland und Herder ermöglicht, die ihm den Weg zu den einschlägigen Literatur- und Hofzirkeln ebnet. Im übrigen erkennt er nach den ersten Wochen seines Weimarer Aufenthalts, daß er sein Licht auch im Kreis der Arrivierten und Privilegierten nicht unter den Scheffel stellen muß: «Anfangs hab ich mir alles viel zu wichtig zu schwer vorgestellt. Ich habe mich selbst für zu klein und die Menschen umher für zu groß gehalten. Jeden glaubte ich meinen Richter, und jeder hat genug mit sich selbst zu thun, um mich auszulauren.» (24, 152)

Während die Weimarer Gesellschaft Schiller freundlich aufnimmt, entwickelt sich das Verhältnis zu Goethe nach dessen Rückkehr aus Rom im Juni 1788 nur stockend, unter massiven Vorbehalten und Ängsten. Schiller sieht in Goethe einen Günstling des Glücks, dem das Schicksal stets wohlgesonnen war, wo es ihm permanent Widerstände entgegensetzte. Über den abwesenden Geheimrat, dessen Amtspflichten von seinen Kollegen übernommen werden, heißt es bereits im Dezember 1787: «Während er in Italien mahlt, müssen die Vogts und Schmidts für ihn wie die Lastthiere schwitzen. Er verzehrt in Italien für nichtsthun eine Besoldung von 18 000 [recte: 1800!] thal. und sie müssen für die Hälfte des Gelds doppelte Lasten tragen.» (24, 185 f.) Auch nachdem es im September 1788, arrangiert von Charlotte von Lengefeld, in Rudolstadt zu einem ersten Kontakt der beiden Autoren gekommen ist, bleibt Schiller skeptisch, ob er mit Goethe je tiefere Freundschaft werde schließen können: «Vieles was mir jezt noch interessant ist, was ich noch zu wünschen und zu hoffen habe, hat seine Epoche bei ihm durchlebt, er ist mir, (an Jahren weniger als an Lebenserfahrungen und Selbstentwicklung) so weit voraus, daß wir unterwegs nie mehr zusammen kommen werden, und sein ganzes Wesen ist schon von anfang her anders angelegt als das meinige, seine Welt ist nicht die meinige, unsere Vorstellungsarten scheinen wesentlich verschieden.» (25, 107) Noch im Februar 1789, als Goethe bereits Schillers Berufung auf das Jenaer Extraordinariat in die Wege geleitet hat, heißt es mit einem drastischen Bild: «Ich betrachte ihn wie eine stolze Prude, der man ein Kind machen muß, um sie vor der Welt zu demüthigen (...)» (25, 193).

Es dauert fünfeinhalb Jahre, ehe ein facettenreiches Gespräch im Anschluß an eine Sitzung der Naturforschenden Gesellschaft in Jena Ende Juli 1794 eine überraschende Wende herbeiführt und die wechselseitigen Reserven abbauen hilft. Schiller erkennt, daß er in Goethes empirischer Naturphilosophie («Ueberhaupt ist seine Vorstellungsart zu sinnlich und betastet mir zu viel.» 26, 55) Anknüpfungspunkte für sein eigenes theoretisches Denken finden kann; Goethe wiederum bemerkt, daß Schiller nicht nur ein Feuerkopf und ‹gebildeter Kantianer›, sondern zugleich ein an Fragen der antiken Ästhetik und Kunstphilosophie interessierter Kenner ist, dessen souveränes Urteil seine eigene Arbeit fördern kann. Das denkwürdige Treffen, das Goethe 1817, zwölf Jahre nach Schillers Tod, unter der Überschrift *Glückliches Ereignis* detailliert beschrieben hat, öffnet den Weg zu einer sich rasch intensivierenden Arbeitsfreundschaft, die die offene Diskussion aktueller Projekte (*Wilhelm Meisters Lehrjahre, Wallenstein*), gemeinsame Vorhaben (die *Xenien* und das Schema über den Dilettantismus), Überlegungen zur Zeitschriftenpolitik (*Die Horen, Propyläen*), die Erörterung von Lektüreeindrücken und Studien, nicht zuletzt – ab 1796 – die Arbeit für das Weimarer Hoftheater (mit Schiller als Regisseur und Goethe als Direktor) einschließt. In den rund tausend Briefen der seit dem Sommer 1794 geführten Korrespondenz, die erst nach Schillers Umzug von Jena nach Weimar im Dezember 1799 ermüdet, dominieren zwar die Reflexionen über die jeweiligen Arbeitsvorhaben, doch schließt das persönliche Töne nicht aus. «Vom Jahre 1797 bis 1805», so erinnert sich Goethe rückblickend, «besuchten wir uns wöchentlich zwei- bis dreimal, schrieben uns auch gegenseitig.» (42, 379) Daß Privates hier in subtiler Höflichkeit vorgetragen wird, sollte nicht zu der Annahme verleiten, die Freundschaft zwischen Schiller und Goethe sei einzig ein publizistisches Bündnis zum Zweck der Kontrolle des literarischen Geschmacks jenseits intimen Austauschs gewesen. Gerade der wechselseitige Respekt vor der künstlerischen Leistung des anderen und die Toleranz gegenüber abweichenden Wertsetzungen begründeten ein persönliches Verhältnis, dem in der Geschichte der deutschen Literatur nichts Vergleichbares zur Seite zu stellen ist.

In den Jahren des äußeren Erfolgs fügt sich auch Schillers private Biographie auf harmonische Weise. Zu Beginn des Jahres 1788 beginnt seine intensive Bekanntschaft mit Charlotte von Lengefeld und deren verheirateter älterer Schwester Caroline von Beulwitz. Im ländlichen Rudolstadt entfaltet sich eine empfindsame Dreiecksbeziehung, in der Schiller die Rolle des umschwärmten Dichtergenies genießt. Die kunstsinnigen Schwestern – Caroline von Beulwitz wird später selbst als Autorin hervortreten – sind inmitten des monotonen dörflichen Alltags dankbar für die Abwechslung, die seine zumeist bis zum späten Abend dauernden Tee-Besuche bedeuten. Er wiederum ahnt bald, daß er seiner inneren Spannungen, die ihn zwischen «Ermattung, Opiumsschlummer und Champagnerrausch» (25, 8) schwanken lassen, nur Herr werden kann, wenn er sein Privatleben auf eine solide Basis stellt: «Ich sehne mich nach einer bürgerlichen und häußlichen Existenz, und das ist das Einzige, was ich jezt noch hoffe.» (25, 4) An Körner schreibt er bereits nach der ersten Begegnung Anfang Dezember 1787 über die Schwestern: «Beide Geschöpfe sind, ohne schön zu seyn, anziehend und gefallen mir sehr. Man findet hier viel Bekanntschaft mit der neuen Litteratur, Feinheit, Empfindung und Geist. Das Clavier spielen sie gut, welches mir einen recht schönen Abend machte.» (24, 181 f.) Ein halbes Jahr später heißt es: «Beide Schwestern haben etwas Schwärmerei (...), doch ist sie bei beiden dem Verstande subordiniert und durch Geistescultur gemildert. Die jüngere ist nicht ganz frey von einer gewißen Coquetterie d'esprit, die aber durch Bescheidenheit und immer gleiche Lebhaftigkeit mehr Vergnügen gibt als drückt.» (25, 83 f.)

Zwar zeigt sich Schiller durch das intellektuelle Temperament der unter einer unglücklichen Konvenienzehe leidenden Caroline stärker gefesselt als durch die introvertierte Charlotte, jedoch fürchtet er sich zugleich vor ihrem exzentrisch wirkenden Charakter. In seinen empfindsam getönten Briefen wendet er sich seit dem Spätsommer 1788 immer häufiger an beide Schwestern: «Ja meine Lieben, Sie gehören zu meiner Seele, und nie werde ich Sie verlieren, als wenn ich mir selbst fremd werde.» (25, 128) Den Entschluß, Charlotte einen Heiratsantrag zu machen, fällt er im Spätsommer 1789 unter dem Eindruck, daß sein Leben der äußeren Ruhe bedarf, soll es nicht auch künftig von ‹Opiumsschlummer› und ‹Champagnerrausch› beherrscht werden. Schiller wählt die sichere, nicht die riskante Variante, mit deren Hilfe er sich aus einer nach dem konventionellen Verständnis der Gesellschaft gefährlich werdenden Doppelliebschaft befreit.

Charlotte hat Schillers konservative Rollenerwartungen nicht enttäuscht. Sie, die wie ihre Schwester über literarische Begabung verfügte, beschränkte sich nach der Heirat im Februar 1790 auf die Verwirklichung eines traditionellen Lebensentwurfs. Sie gebar vier Kinder – 1793 Karl, 1796 Ernst, 1799 Caroline und 1804 Emilie –, konzentrierte sich auf die Erfüllung häuslicher Pflichten und sah ihre zentrale Aufgabe darin, Schiller die nötige Schreibruhe auch unter den Bedingungen eines äußerlich hektischen Familienalltags zu ermöglichen. Ihre eigenen poetischen Ambitionen stellte sie weitgehend zurück und verlegte sich darauf, bisweilen literarische Gelegenheitsarbeiten zu produzieren – vor allem Übersetzungen französischer Erzählungen, die sie in der Zeitschrift *Flora* veröffentlichte. Schiller betrachtete eine derartige Selbstbescheidung kaum als weibliches Opfer, sondern als Bedingung eines zeitgenössischen Normen entsprechenden Zusammenlebens der Geschlechter. Gegenüber seiner Schwägerin Caroline erklärt er im Sommer 1798, er lege großes Gewicht darauf, ««daß die Hauswirtschaft ordentlich geht; aber ich mag das Knarren der Räder nicht hören.›»

Auf dem Höhepunkt seines Lebens wiederholte sich für Schiller freilich das Grundmuster des Rückschlags, das ihm seit den Jugendjahren vertraut war. In der Periode der wachsenden sozialen Anerkennung ereilte den frisch verheirateten Hofrat und Professor zu Beginn des Jahres 1791 eine Lungenentzündung, deren chronische Spätfolgen – Vereiterung des Rippenfells, des Herzbeutels und der Nieren – ihn in ein vierzehnjähriges Martyrium treiben, von dem ihn erst der Tod befreien wird. Die Art und Weise, in der der arbeitswütige Schiller seine schwere Krankheit zu beherrschen suchte, bot später Stoff für diverse Mythen und Legenden. Auch wenn man solche Formen der Hagiographie nicht fortzuführen geneigt ist, wird man das Erstaunen darüber kaum unterdrücken können, wie hier die Unbill der Natur durch die Kraft des Willens kontrolliert wurde. Schiller hat große Teile seines heute als klassisch bezeichneten Werkes dem Tod abgerungen, sich mit eiserner Disziplin trotz periodisch wiederkehrender Krankheitsschübe an den Schreibtisch gezwungen und sein Leben dem Diktat der literarischen Projekte unterworfen. Zeichen, die sich auf die bedrückenden Begleitumstände ihrer Entstehung beziehen, treten in den Texten nicht auf: Krankheit ist für sie kein Thema. Eine spezifische Spur mag freilich auf das Moment der Selbstüberwindung im Schreibprozeß zurückdeuten, das Thomas Mann in seiner Prosastudie *Schwere Stunde* (1905) nicht ohne pathetische Tendenz verklärt hat. Im Ideal der erhabenen Beherrschung physischer und psychischer Notlagen, die Schillers Tragödientheorie als Muster menschlicher Freiheit unter den Bedingungen von Extremsituationen beschreibt, spiegelt sich die latente Gewaltsamkeit, mit welcher der Autor die äußeren Widrigkeiten seines Lebens kontrollierte. So erweist sich das Konzept des Erhabenen, das die Autonomie des Geistes gegen die Rechtsansprüche des Körpers verteidigt, als verdeckte Form der Selbstbegründung einer künstlerischen Freiheit, die der äußersten physischen Heteronomie abgetrotzt wurde.

II Medizin und Aufklärung. *Die Räuber*

Schiller, der seine literarische Laufbahn in der Abenddämmerung der europäischen Aufklärung begann, war ein gelehrter Autor, dessen vielfältig verzweigte Bildung auch im Jahrhundert der rationalistischen Neuorganisation der Wissenschaften eine Ausnahmeerscheinung darstellte. Der Vater Johann Caspar Schiller, gelernter Wundarzt, Offizier in den Diensten des Herzogs Carl Eugen und später Intendant der Hofgärtnerei auf der

Solitude, vermittelte seinem Sohn vor allem Bibelkenntnisse und Vertrautheit mit geistlichen Erbauungsschriften. Neben Immanuel Gottlieb Brastbergers Predigtbuch (1758) las der Ludwigsburger Lateinschüler die erstmals 1757 veröffentlichten Lieder des Leipzigers Christian Fürchtegott Gellert, die Gedichte des Rokokolyrikers Johann Peter Uz in der 1768 publizierten zweibändigen Ausgabe seiner *Poetischen Werke* und – als damals verbreitetes Abenteuerepos – die deutsche Übersetzung von Fénelons *Les aventures de Télémaque* (1695); frühzeitig stieß er auf die römischen Klassiker, die ihm der Gymnasialunterricht nahebrachte. Schon dem Zehnjährigen wurden hier, im Rahmen eines auf puren Paukbetrieb abgestellten Lernpensums, Auszüge aus Vergils *Aeneis* und Horaz' Oden zugemutet. Als Schiller am 16. Januar 1773 in die Hohe Karlsschule einzog – er war der 447. Eleve, der seit der Eröffnung des Instituts im Januar 1770 Aufnahme fand –, verfügte er über Lateinkenntnisse, die heute bestenfalls studierte Altphilologen nachweisen können.

Während des ersten Akademiejahrs konzentrierte sich der Unterricht auf die klassischen Gymnasialfächer; neben Latein standen drei Stunden Griechisch, fünf Stunden Französisch, sechs in Mathematik und jeweils vier in Geschichte und Geographie auf dem Programm. Ergänzt wurde dieser Kanon durch ein sechstündiges Kolleg in Metaphysik sowie sechs weitere Stunden Rhetorik und Poetik, was einem Wochenpensum von knapp vierzig Unterrichtsstunden entsprach. Bedenkt man, daß dieses dichte Curriculum noch durch abendliche Repetitorien, Religionslektionen und die Unterweisung im Fechten, Reiten und Tanzen ergänzt wurde, so kann man ermessen, wie wenig Freizeit den erschöpften Eleven blieb.

Es gab nur einen Bereich, der sich dem rigiden Zugriff des Landesvaters entzog: der des Lesens und der literarischen Phantasie. Angesichts der ständigen Überwachung durch die Offiziere bildete für die Eleven die Lektüre die einzige Möglichkeit, Erfahrungsräume jenseits einer engen Realität zu erschließen. Allerdings setzte das massive Spionageregime der Akademie selbst den Möglichkeiten des imaginären Erlebens deutliche Grenzen. In den sechs Schlafsälen, denen die Schüler nach Alter und Körpergröße zugeordnet waren, brannte zwar auch nachts das Licht einer Öllampe, jedoch sollte das nicht dem Lesen dienen (das hier streng verboten war), sondern einzig masturbatorische Praktiken unterbinden helfen. Zur Lektüre seiner Lieblingsromanciers Wieland und Rousseau fand der Eleve Schiller nur dann, wenn er sich krank meldete, da im Hospital liberalere Gepflogenheiten herrschten. Lesefieber: das bedeutet hier nicht nur die Affizierung durch die Welt der Bücher, vielmehr auch die Notwendigkeit, eine Erkrankung zu simulieren, die erst die Gelegenheit zur (sonst als sinnloser Zeitvertreib untersagten) Lektüre von Romanen verschafft.

Mit dem Einzug in die Akademie muß der junge Schiller den auch von den Eltern gehegten Traum einer geistlichen Laufbahn aufgeben, da eine theologische Ausbildung nur an der Landesuniversität Tübingen – im Rahmen des dortigen Stifts – möglich war. 1774 nahm Schiller aus freier Entscheidung das Rechtsstudium auf, das er jedoch ohne Begeisterung betrieb. Als der Herzog ihn zwei Jahre später zum Wechsel in den neu eingerichteten medizinischen Studiengang verpflichtete, akzeptierte er das bereitwillig, weil er irrtümlich hoffte, fortan mehr Zeit für die private Lektüre zu finden. 1776, mit dem Übergang zur Medizin, begann für Schiller auch der Philosophieunterricht bei Jakob Friedrich Abel, der zu den zentralen Bildungserlebnissen des jungen Eleven wurde. Der 25jährige Dozent, dessen Vortragsstil man als äußerst lebhaft schilderte, richtete sein Lehrprogramm am zeitgenössischen Empirismus aus, vermittelte seinen Hörern Einblicke in die zeitgenössische Moralphilosophie (Ferguson, Hutcheson, Garve), beleuchtete (mit kritischen Vorbehalten, die Schiller später teilt) das Gebiet der Physiognomik (Lavater) und unternahm Ausflüge in den Bereich der modernen Psychologie (Feder, Sulzer) sowie der Anthropologie (Platner, Zückert). Abel ist es auch, der Schiller mit den politischhistorischen Schriften der Neuzeit bekannt macht – mit Machiavellis *Il principe* (1513, 1532), Montesquieus *De l'esprit des lois* (1748), Rousseaus *Du contrat social* (1762) und Schlözers *Vorstellung seiner Universal-Historie* (1772/73). Daß die schöne Literatur in den Vorlesungen eine Quelle für das bessere

Verständnis politischer Ordnungsstrukturen und der in sie ein-
gespannten Akteure bildete, verrät die Erinnerung Abels, der zu
berichten weiß, wie ungewöhnlich stark Shakespeares Königs-
dramen auf den jungen Eleven wirkten (42, 11).

In Schillers medizinische Qualifikationsschriften gehen die
durch Abel vermittelten Kenntnisse ebenso wie die sie stützenden
erfahrungswissenschaftlichen Argumentationsformen sichtbar
ein. Sowohl die erste, 1779 abgeschlossene Dissertation *(Philo-*
sophie der Physiologie), die aufgrund ihrer spekulativen Tendenz
von den akademischen Lehrern Consbruch, Klein und Reuß ab-
gelehnt wurde, als auch die zweite Examensschrift (*Versuch über*
den Zusammenhang der thierischen Natur des Menschen mit sei-
ner geistigen), die Schiller Ende 1780 in Verbindung mit einer in
lateinischer Sprache vorgelegten Abhandlung über entzündliche
und faulige Fieber (*Tractatio de discrimine febrium inflammato-*
riarum et putridarum) den ersehnten Studienabschluß verschaffte, tragen die Spuren des bei Abel Gelernten. Die leiblich-seeli-
sche Grunddisposition des Menschen avancierte für den jungen
Studenten zum Problemfall, an dem sich die Verheißungen und
Grenzen der aufgeklärten Vernunft studieren lassen. Seine Leit-
frage lautet, wie die geistige Freiheit des Individuums denkmög-
lich sein kann, wenn es doch zugleich durch die Welt seiner Triebe versklavt scheint. In grundsätzlicher Intention schließen die
Dissertationen zwei Extrempositionen aus ihrem Wertkosmos
aus, denen sie keine wissenschaftliche Lösungskompetenz bei der
Auseinandersetzung mit dem psychophysischen Apparat des
Menschen zutrauen: die rationalistische Metaphysik des Carte-
sianismus bzw. der Leibniz-Wolffschen Schulphilosophie, deren
Vertrauen in eine okkasionell (von Fall zu Fall) herstellbare bzw.
prästabilierte (vorausentworfene) Schöpfungsharmonie Schiller
für eine Illusion hielt, und den (vor allem in Frankreich verbrei-
teten) Materialismus (Lamettrie, Helvétius, d'Holbach), in dem
der Doktorand eine radikale Form der Beschränkung des Individuums auf seine Triebe, damit eine Negation der im Einzelnen
angelegten Selbstbestimmungspotentiale erblickte. Die spekulativ anmutende Konstruktion einer ‹Mittelkraft›, die Schiller mit
einem Begriff Albrecht von Hallers als «Nervengeist» (20, 16) be-

zeichnet, soll in der *Philosophie der Physiologie* einen methodischen Kompromiß zwischen der Logik der materiellen Repräsentation und der abstrakten Geistmetaphysik wolffianischer Provenienz herstellen. Die funktionale Korrespondenz von Leib und Seele beschreibt der junge Schiller als Akt der Balance, der die stofflichen und intelligiblen Sphären harmonisiert. Die Mittelkraft leistet einen Beitrag zur Reduktion jener Komplexität, die der reine Körper oder das reine Denken bedeuten; sie schafft im gesunden Organismus ein ausgewogenes Verhältnis von Physis und Psyche – das ideale Stadium der austarierten Impulse, das Schillers klassische Schönheitslehre als maßgeblichen Effekt der ästhetischen Erfahrung beschreiben wird.

Das Schauspiel *Die Räuber*, an dem Schiller während seiner letzten Akademiejahre arbeitet, trägt die Spuren der theoretischen Studien, die der Eleve seit 1778 betrieb. In mancher Hinsicht läßt sich das Drama als szenischer Kommentar zu den anthropologischen Grundannahmen der medizinischen Dissertationen lesen. Beispiele für diesen Befund liefern Franz Moors großer Monolog im zweiten Akt, in dem er über den Zusammenhang zwischen Geist und körperlicher «Maschine» (3, 39) nachsinnt, sowie die erste Szene des fünften Akts, die den Einfluß der Gewissensangst auf den Leib demonstriert (die zweite Dissertation führt 1780 genau diesen Passus in spielerischem Selbstzitat unter dem falschen Hinweis *Life of Moor. Tragedy by Krake* als Beleg für psychosomatische Vorgänge an; 20, 60). Wenn Franz am Ende von einem aus Schuldgefühl und Angst geborenen Traum heimgesucht wird, der als «leibhaft Konterfey vom jüngsten Tage» (3, 119) erscheint, so bekräftigt das die Macht jener ‹dunklen Vorstellungen› (‹perceptiones obscurae›), auf deren Wirksamkeit Abels psychologische Vorlesungen – angelehnt an die Studien Johann George Sulzers – hinzuweisen pflegten.

Die Tragödie der Brüder Moor, die in den *Räubern* zur Anschauung kommt, ist ein Drama irregeleiteter Wertvorstellungen, das sich vor dem Horizont einer aus den Fugen geratenen Vaterwelt abspielt. Die Erosion der patriarchalischen Ordnung, die durch die Schwäche des alten Grafen Moor gespiegelt wird,

mag auch auf Schillers Zweifel an der inneren Stabilität jenes
Ancien régime verweisen, das ihm in der Figur des sich selbst
zum treusorgenden Landesvater verklärenden Herzogs Carl
Eugen entgegengetreten war. Der Autoritätsverlust der Vater-
welt, die das Drama vor Augen führt, ist das Zeichen einer gesellschaftlichen Krise, die das Wetterleuchten der Revolution an-
kündigt. Zur Tragödie wird hier nicht nur der Konflikt zweier
feindlicher Brüder – ein Thema, das Schiller schon in Leisewitz'
Julius von Tarent und Klingers *Zwillingen* (beide 1776) entfaltet
fand; tragisch ist zumal der Untergang einer patriarchalischen
Welt, die der jungen Generation weder praktische Orientierung
noch intellektuelle Wertmuster offerieren kann. Die physische
Insuffizienz des Grafen Moor, der am Ende durch Franz' Intrige
bei lebendigem Leibe begraben wird, wird das Sinnbild für den
Machtverlust des früheren Familienoberhaupts. Moor selbst
muß zum Schluß erkennen, daß seine Leichtgläubigkeit die Verbrechen seines jüngeren Sohnes Franz erst ermöglichten; Karl gegenüber bekennt er sich schuldig: «Ich bin nicht werth, daß du
mich Vater nennst.» (3, 128)

Schillers Debütdrama folgt dem an Shakespeare geschulten
Zeitgeschmack, indem es die klassizistische Einheit von Ort,
Zeit und Handlung sprengt. In der Vorrede zur Erstausgabe erklärt Schiller, sein Werk lasse sich nicht in die «allzuenge(n) Pal-
lisaden des Aristoteles und Batteux einkeilen» (3, 5). Die Technik des rasanten Schauplatzwechsels, wie sie Goethes *Götz von
Berlichingen* und Lenz' *Hofmeister* bereits vorgeführt hatten,
verschafft dem Text eine eigene Dynamik, zumal die wechselnden Szenen ihre eigene Zeichensprache als Chiffren für die innere Disposition der Figuren entfalten; während Karl (mit Ausnahme seines ersten Auftritts in der verkommenen Schenke an den
Grenzen Sachsens) auf dem Schauplatz der offenen Natur agiert,
bleibt dem Intriganten Franz das gräfliche Schloß mit seinen wei-
ten Zimmerfluchten zugeordnet. Die «Zeit des Schauspiels» erstreckt sich, wie das Personenverzeichnis erläutert, über «zwei
Jahre» (was die aristotelische Regel von der Beschränkung der
Tragödienhandlung auf einen Sonnenumlauf klar verletzt) (3, 3).
Die Architektur des Bühnengeschehens selbst gewinnt durch die

Integration von Liedern (II,2, III,1, IV,5) und Erzählungen –
Spiegelbergs Bericht vom Klosterabenteuer (II,1), die Geschichte
Kosinskys (III,2), der Rapport des Vaters (IV,5) – einen offenen
Charakter, der auch an den Einfluß Shakespeares erinnert.

Schiller hat sein Drama mit intertextuellen Referenzen verbunden, die ein dichtes Netz innerer Verweisungen entfalten.
Daß Karl Moor dem Muster des edlen Räubers Roque Guinart
aus Cervantes' *Don Quixote* nachgestaltet sei, hat Schiller, wie
sich sein Mitschüler Conz erinnert, selbst eingestanden; hinzu
kommen Bezüge zum reumütigen Teufel Abbadona aus Klopstocks *Messias*, als dessen Nachfolger sich Karl sieht, und zur
Figur des Robin Hood, die der Autor durch den ersten Band
von Thomas Percys *Reliques of Ancient English Poetry* kennengelernt hatte (3, 79). In der Vorrede nennt er wiederum Euripides' Medea, Miltons Satan und den eingefleischten Teufel Adra-
melech aus dem *Messias* als Vorbilder für die Gestalt des Franz
Moor (3, 7). Diese Bezüge deuten auf eine gemeinsame Trieb-
feder zurück, die das Handeln der Protagonisten in Gang hält:
den Impuls der Normverletzung, der Karl und Franz gleichermaßen über die Grenzen der Konvention hinausführt.

Für beide Protagonisten bildet die Ordnung der Gesetze den
Angriffspunkt einer kritischen Reflexionsarbeit, die rasch in Tat-
handlungen umschlägt. Während Franz das Recht als Ensemble
gesellschaftlicher Normen versteht, die im Kampf um – ihm von
der Natur durch Zweitgeborenenstatus und Häßlichkeit verwei-
gerte – Privilegien instrumentalisierbar und damit im Dienste der
«Gewalt» deformierbar sind (3, 20), sieht Karl im juristischen
System das hassenswerte Werkzeug des Konformismus, der das
gesamte soziale Leben der Zeit durchherrscht: «Ich soll meinen
Leib pressen in eine Schnürbrust, und meinen Willen schnüren in
Geseze. Das Gesez hat zum Schneckengang verdorben, was Ad-
lerflug geworden wäre.» (3, 21) Unterschiedlich fallen die Kon-
sequenzen aus, die beide aus ihren Diagnosen ziehen. Wo Franz
sich als «raisonirender Bösewicht» (23, 21) auf einen materiali-
stisch fundierten, aus einem pervertierten Naturrechtsgedanken
abgeleiteten Egoismus stützt («Ich will alles um mich her ausrot-
ten, was mich einschränkt daß ich nicht Herr bin», 3, 20), ope-

riert Karl als Rebell, der festgefügte Besitzverhältnisse umgestalten und gesellschaftliche Hierarchien aufheben möchte. Im Zentrum von Franz' Intrige steht der aus dem Bewußtsein naturhafter Benachteiligung geborene Wille zur durchgreifenden Destruktion zwischenmenschlicher Beziehungen. Daß dieser Wille mit philosophischen Argumenten aus dem Register der aktuellen Anthropologie und Medizin begründet und folglich Zerstörungslust durch Aufklärung theoretisch legitimiert wird, macht die besondere Perfidität der im Drama vorgeführten psychologischen Konstellation aus. Umgekehrt ist es eine Form der radikalisierten Aufklärung, die Karl aus einem wörtlich genommenen Anspruch auf Selbstbestimmung zum Rebellen gegen die herrschende Ordnung werden läßt. Das Finale des Stücks demonstriert, daß beide Varianten des Bruchs mit der Konvention scheitern müssen.

Franz hat am Ende das Gewissen anzuerkennen, dessen Existenz er stets negierte. Im Albtraum begegnen ihm die apokalyptisch überformten Bilder seines Schuldgefühls, die ihn auf das Terrain einer moralischen Selbstwahrnehmung führen, deren regulative Bedeutung er zuvor aus materialistischer Sicht geleugnet hatte. Karl wiederum begreift, daß er in seinem Radikalismus der Tat wie ein Despot handelte, dessen Interventionen nicht befreiend, sondern zerstörend wirken: «O über mich Narren, der ich wähnete die Welt durch Greuel zu verschönern, und die Geseze durch Gesezlosigkeit aufrecht zu halten.» (3, 134) Die dezidiert unaristotelische Dramaturgie, der sich der Shakespeare-Leser Schiller in seinem Debütdrama verschreibt, schließt an diesem Punkt ein kathartisches Moment ein, über das es in der Vorrede heißt: «Ich darf meiner Schrift, zufolge ihrer merkwürdigen Katastrophe, mit Recht einen Platz unter den moralischen Büchern versprechen; das Laster nimmt den Ausgang, der seiner würdig ist. Der Verirrte tritt wieder in das Gelaise der Geseze.» (3, 8)

Der Schluß des Dramas bleibt jedoch, anders als diese Selbstdeutung verrät, ambivalent, weil er die Aporien spiegelt, in die Schiller seine Figuren treibt. Franz' Freitod ist keine Kapitulation des Bösen, sondern ein radikaler Akt der Selbstbestimmung («Ich kann nicht beten», 3, 126), der die Sympathien verrät, die der Autor seinem Verbrecher entgegenbringt. Der große Abgang Karls («Aber noch bleibt etwas übrig, womit ich die beleidigte Geseze versöhnen, und die mißhandelte Ordnung wiederum heilen kann», 3, 135) läßt in die pathetische Selbstinszenierung schrille Mißtöne dringen, weil der Held sich einer sozialen Ordnung ausliefert, deren institutionalisiertes Unrecht er zuvor aus guten Gründen verworfen hatte. Der dialektische Autonomieanspruch, den Schiller in der Figur seines Räubers Moor vorführt, ist damit zugleich eine Spielart dessen, was Hegel die ‹unbefriedigte Aufklärung› nannte: der Widerschein eines uneingelösten Anspruchs auf soziale Selbstbestimmung.

III Philosophische Etüden in Versform.
Aspekte der Jugendlyrik

1785 schreibt Schiller im Rückblick auf seine Karlsschulzeit: «Neigung für Poesie beleidigte die Gesetze des Instituts, worin ich erzogen ward, und widersprach dem Plan seines Stifters.» (22, 93) Denkt man an die literarischen Prägungen durch den Unterricht Abels, so wird deutlich, daß dieser Satz nicht unumschränkt zutrifft. Schiller hat in den letzten zwei Jahren seiner Karlsschulzeit nicht nur an den *Räubern* gearbeitet, sondern auch zahlreiche Gedichte verfaßt. Der knapp 17jährige debütiert im Oktober 1776 mit der Veröffentlichung der an Klopstock geschulten Ode *Der Abend* im *Schwäbischen Magazin*, das der Karlsschuldozent Balthasar Haug herausgab. Gemeinsam mit den während der ersten Stuttgarter Monate nach der Entlassung aus der Akademie entstandenen Texten werden die frühen lyrischen Arbeiten in der *Anthologie auf das Jahr 1782* gesammelt. Der Band enthält 83 Gedichte, die jeweils anonym – unter Verwendung von Chiffren – zum Druck kommen; aus Schillers Feder stammen, wie man festellen konnte, 48 dieser Texte, die übrigen steuern frühere Kommilitonen bei – darunter Friedrich von Hoven, Ludwig Schubart und Johann Wilhelm Petersen.

Das Gemeinschaftsprojekt der *Anthologie* deutet an, wie sehr Schiller in der Stuttgarter Periode auf Austausch und Verständigung im intimen Kreis angewiesen war. Der junge Autor ist eine dialogische Natur; bei billigem Wein und schlechtem Tabak sitzt er mit seinen Freunden bis zum Morgengrauen in spartanisch möblierten Zimmern oder schlecht beleumdeten Gaststätten, schwadroniert über seine glänzende Zukunft und schmiedet Pläne, die ihn auf den Parnaß führen sollen. Daß zu den derben Vergnügungen der Stuttgarter Zeit neben Alkoholexzessen auch regelmäßige Bordellbesuche zählten, bezeugen die Berichte der ehemaligen Kommilitonen Petersen und Scharffenstein. Die literarische Produktion spiegelt den betont unbürgerlichen Lebenswandel des Regimentsarztes wider. Zum Herbstende 1781 veröffentlicht der Stuttgarter Metzler-Verlag als Einzeldruck ohne Namensnennung das 260 Verse umfassende Gedicht *Der Venuswagen*, das Schiller vermutlich 1779 begonnen, aber erst nach der Entlassung aus der Akademie abgeschlossen hat. Die Lust an Zoten («Siebenmal des Tages muß der gute | Michael dem starken Moloch stehn») und obszönen Anspielungen («Nimfomanisch schwärmet ihr Gebete»), die den drastischen Text prägt, ist ein Reflex des Stuttgarter Boheme-Lebens, in dem sich der junge Autor als Bürgerschreck inszeniert (1, 20 f., v. 169 f., 189). Vergleichbare Formen der borniert-maskulinen Selbstdarstellung verlieren sich erst nach der Mitte der 1780er Jahre; in der Stuttgarter Zeit sind sie das Signum einer literarischen Männersozietät, die den Rollenklischees des Offiziersmilieus Genüge tut.

Auffallend bleibt die stilistische Vielfalt, mit welcher Schiller in der *Anthologie* aufwartet. In den unterschiedlichen Formen seiner Texte manifestiert sich der Zeitgeschmack: vertreten sind Naturgedichte, die in hymnischem Ton nach dem Muster Hallers und Klopstocks die Weite des Kosmos besingen (*An die Sonne*, *Die Herrlichkeit der Schöpfung*, *Die Gröse der Welt*); Liebesoden mit einer fiktiven, auf Petrarcas *Canzoniere* zurückdeutenden ‹Laura› als Adressatin, in denen die platonische Lehre vom Eros als Medium der Sympathie und Attraktion durchgespielt wird (*Vorwurf*, *Das Geheimniß der Reminiszenz*, *Der Triumf der Liebe*, *Fantasie*, *Die seligen Augenblicke*); zeitkritische

Texte, die Despotie, Doppelmoral, Bigotterie und Unrechtsjustiz anprangern (*Die schlimmen Monarchen, Die Kindsmörderin, An einen Moralisten*) und Lehrgedichte mit zuweilen satirischen Untertönen, die, ähnlich wie schon das von Schiller verfaßte Vorwort der *Anthologie*, den pathetischen Ernst der Sammlung punktuell unterlaufen (*Grabschrift eines gewissen – Physiognomen, Die Journalisten und Minos, Die Pest*).

Zu den gewichtigeren Texten der qualitativ schwankenden Sammlung gehört fraglos die Liebesode *Das Geheimniß der Reminiszenz*. Das Gedicht beschreibt die Macht einer erotischen Anziehung, die auf den Mythos der früheren personalen Identität der Liebenden zurückweist. Die «sel'gen Augenblike» (v. 31) der Annäherung, von denen die Ode spricht, ermöglichen es für einen Moment, den ursprünglichen Zustand der Einheit wiederherzustellen und die «Ahndung jener goldnen Zeiten» (v. 102) aufscheinen zu lassen, die im Jetzt dauerhaft nicht mehr herstellbar ist. Das Gedicht verarbeitet die Lehre vom Eros, die der Komödiendichter Aristophanes in Platons *Symposion* (ca. 347 v. Chr.) als Gast Agathons während eines Streitgesprächs über das Wesen der Liebe vorträgt (189d–194a). Sie besagt, daß die Menschen in einem ursprünglichen Stadium der Androgynie gelebt hätten, ehe die Götter zur Strafe für ihre Hybris die körperliche Ganzheit auflösten und jedes Wesen zur Eingeschlechtlichkeit verdammten. Die Sehnsucht nach der verlorenen Identität im Zustand der weiblich-männlichen Mischexistenz läßt sich durch die flüchtige Ekstase kurzzeitig, durch die Erinnerung längerfristig, niemals aber auf Dauer erfüllen. Die Verwandtschaft der Wesen, die das Gedicht schildert, bezeichnet eine Form seelischer Filiation, wie sie durch den Vorgang der Reminiszenz – gemäß der im platonischen Dialog *Phaidon* (73a–75c) beschriebenen Anamnesis – jeweils neu vergegenwärtigt werden kann: «Ihre Heimat suchen meine Geister, | Losgeraft vom Kettenband der Glieder, | Küssen sich die langgetrennten Brüder | Wiederkennend wieder.» (v. 72 ff.)

Die platonische Sympathielehre der Laura-Gedichte verweist auf Basiselemente von Schillers Liebesbegriff, wie er in der *Theosophie des Julius*, der ältesten Textschicht der 1786 fragmenta-

risch in der *Thalia* veröffentlichten *Philosophischen Briefe*, entfaltet wird. Gemäß der *Theosophie*, die der Bruchstück gebliebene Roman als überwundene Bildungsstufe des durch seinen
älteren Freund Raphael zum Skeptizismus geführten ehemaligen
Schwärmers Julius ausweist, ist die gesamte Schöpfung nur das
parabolische Bild für die seelischen Zustände des Menschen. Unter Rückgriff auf Überlegungen der neuplatonisch-hermetischen
Vereinigungsphilosophie, die Frans Hemsterhuis' *Lettre sur le
désir* (1770) und Herders Essay *Liebe und Selbstheit* (1781)
exemplarisch vertreten, bezeichnet die *Theosophie* die Liebe als
immaterielle Kraft, die, analog zur Gravitation im Reich der Me-
chanik, auf verwandte Seelen einwirken könne und damit den inneren Zusammenhalt der Natur gewähre. Mit einem auf Marsi-
lio Ficinos *De amore* (1531) zurückdeutenden Gedanken erläutert der Text, daß die liebende Empfindung zugleich die Gewähr
für die Annäherung des Menschen an seinen Schöpfer ermögliche, weil sie die Sonde bilde, die die innere Harmonie des Kosmos
erschließe: «Also Liebe, mein Raphael, ist die Leiter, worauf wir
emporklimmen zu Gottähnlichkeit.» (20, 124) Der große Raum,
den Schillers Romanfragment hier einer als spekulativ und illusionär charakterisierten Lehre zugesteht, verrät, wie schwer es
ihm selbst fiel, die eigene Jugendphilosophie im Zeichen eines zu-
nehmenden Skeptizismus zu verabschieden. Erst Kant, der ‹Zer-
trümmerer› der Metaphysik, wird ihm mit seiner *Kritik der reinen Vernunft* zu Beginn der 1790er Jahre ein festes methodisches
Fundament offerieren, das es ihm erlaubt, die spekulativen Theorien der Karlsschulzeit endgültig hinter sich zu lassen.

In der Mannheimer und Dresdener Zeit hat Schiller nur noch
sporadisch lyrische Arbeiten verfaßt. In Mannheim entstehen
Ende 1784 mit *Freigeisterei der Leidenschaft* und *Resignation*
zwei experimentell anmutende Texte, die auch rhetorische Er-
probungen jener Metaphysikkritik darstellen, die sich in den
Philosophischen Briefen geltend macht. *Resignation* formuliert
den sarkastisch klingenden Imperativ des Weltgenusses und damit eine Abkehr von jenen Formen des asketischen Verzichts,
die nach Schillers Ansicht einer falsch verstandenen Entsa-
gungslehre folgen. Daß deren Kern von einer ökonomischen

Logik des Tauschs bestimmt werde, die nichts mit christlichen Wertvorstellungen gemein habe, betont er noch 1794 in einer Erläuterung seines Textes. Das Gedicht greife eine «Religionstugend» an, die nicht, wie es geboten sei, «unbedingt», sondern «kontraktmäßig» gelte, weil der Gläubige «mit dem Weltschöpfer einen Akkord» geschlossen habe, der ihm die jenseitige Belohnung für sein irdisches Wohlverhalten in Aussicht stelle (22, 178). Die vielzitierte Formel «‹Die Weltgeschichte ist das Weltgericht›» bezeichnet vor diesem Hintergrund, anders als es Hegels spätere Deutung nahelegt, keine Retheologisierung des historischen Prozesses, sondern die Präponderanz säkularer Instanzen gegenüber den Mächten der Metaphysik.

Die Ode *An die Freude*, die Schiller im Spätsommer 1785 unter dem enthusiasmierenden Eindruck der ersten Begegnung mit Körner verfaßte, bezeichnet eine gegenüber dem Mannheimer Gedicht aufgeheiterte Grundstimmung, indem sie die Liebeslehre der *Theosophie* zu einem Hymnus auf die verbindende Macht der Sympathie erweitert. Der Text umreißt das Sehnsuchtbild einer durch Freundschaft geeinten, die Zwänge der Konvention abwerfenden Brüdergemeinde, wie es auch in zeitgenössischen Freimaurerliedern zur Leitvorstellung wurde (bezeichnenderweise gehörte die Ode schon bald zum Gesangsrepertoire verschiedener Logen). Im Gegensatz zu den kosmologischen Liebesvisionen der *Anthologie* bezieht das Lied das Denkmodell einer weltbeherrschenden Sympathie auch auf die gesellschaftlichen Verhältnisse. Im Namen der Freundschaft darf sich «Männerstolz vor Königstronen» (1, 172) zeigen – eine Formel, die auf die wenig später entstehende Audienzszene III,10 des *Don Karlos* verweist. Nicht nur in ihrer Mischung aus pathetischer Selbstverklärung und sozialutopischer Erwartung, sondern auch durch die formale Überlastung und Bildertrunkenheit ist die bereits zu Lebzeiten des Autors mehrfach vertonte Ode ein Dokument noch uneinheitlicher Stilbeherrschung. In einem Brief vom 21. Oktober 1800 bezeichnet Schiller sie als «schlechtes Gedicht» – ein Urteil, das aus der Perspektive jener Normen formuliert ist, mit denen die Rezension von Bürgers Gedichten 1791 den Weg in die klassische Periode eröffnet (30, 206).

IV Pathos-Inszenierungen.
Die Verschwörung des Fiesko zu Genua, Kabale und Liebe

An seinem zweiten Drama, dem *Fiesko*, arbeitet Schiller bereits im Sommer 1782; auch während der vierzehntägigen Stuttgarter Haft, die ihm durch tägliche Spielrunden mit den Wachsoldaten erleichtert wird, unterbricht er das Schreiben nicht. Der Text wächst in den Monaten nach der Flucht rasch an, durchläuft – angeregt durch die kritischen Anmerkungen Dalbergs – im Herbst eine Revision und erscheint im Frühjahr 1783 mit Widmung an den Lehrer Abel unter der ungewöhnlichen Bezeichnung *Ein republikanisches Trauerspiel* bei Schwan im Druck. Die Mannheimer Premiere im Januar 1784, der bereits im Juli 1783 eine uninspirierte Bonner Uraufführung vorausgegangen war, findet jedoch keine Resonanz. Seinem späteren Schwager Reinwald schreibt Schiller, der sich monatelang mit der Arbeit an einer den Wünschen Dalbergs entsprechenden Bühnenfassung gequält hatte, am 5. Mai 1784 voller Enttäuschung: «Den Fiesko verstand das Publikum nicht. Republikanische Freiheit ist hier zu Lande ein Schall ohne Bedeutung, ein leerer Name – in den Adern der Pfälzer fließt kein römisches Blut.» (23, 137)

Im *Fiesko* stützt sich Schiller erstmals auf einen historischen Stoff, ohne jedoch aus ihm ein Geschichtsdrama zu formen. Die Genueser Ereignisse vom Januar 1547, als sich der 23jährige Fiesco von Lavagna an die Spitze eines von französischen Truppen unterstützten Aufstands gegen den Alleinherrscher Andreas Doria und seinen Neffen Gianettino setzte, bilden nur die Hintergrundkulisse für ein psychologisches Drama von fast überkonstruierter Raffinesse. Die am Ende scheiternde Verschwörung markiert den äußeren Rahmen für ein buntes Spiel der Machtlust, an dem sich sämtliche Akteure beteiligen: der greise Andreas, der seine Regierung diplomatisch geschickt absichert, der brutale Gianettino, dessen Rücksichtslosigkeit als Produkt eines derben Machiavellismus erscheint, der verbitterte Republikaner Verrina, der – nach dem Vorbild des auch in Lessings *Emilia Galotti* (1772) zitierten Virginiamotivs – die Vergewaltigung seiner Tochter Bertha zu rächen sucht und dabei eine bürgerlich geprägte Despotie der Moralität an den Tag legt, Gianettinos eitle Schwester Julia, die im erhitzten Flirt mit Fiesko ihre Schönheit zelebriert, der windige Muley Hassan – der «Mohr» –, der als gedungener Mörder die Fronten je nach Bezahlung wechselt, nicht zuletzt der Titelheld selbst, der die Maske des Hedonisten aufsetzt, um Gegner und Verbündete gleichermaßen über seine Absichten zu täuschen.

So ist die Verstellung die zentrale Technik des vom Drama vorgeführten politischen Handelns. Schiller hat die Physiognomie der Figuren in seinem Personenverzeichnis, das dem Muster von Otto Heinrich von Gemmingens Drama *Der Teutsche Hausvater* (1780) folgt, mit Lust an der karikaturistischen Übertreibung beschrieben, sie jedoch durch ein signifikantes Leitmotiv ergänzt; nicht das wahre Gesicht, sondern die Larve beherrscht das Spiel der Akteure, wie es die Expositionsszene unter dem Gesetz des nächtlichen Balls demonstriert. Mit Ausnahme des Mohren, der seine Spitzbubenphysiognomie frei zeigt, agieren hier sämtliche Personen im Zeichen der Maskerade, die zur großen Metapher für das nachfolgende politische Geschehen gerät, in dem Gut und Böse kaum zu unterscheiden sind. Erstmals erweist sich Schiller hier als Meister der Intrigendramaturgie – einer Technik, die er in seinen späteren Bühnenarbeiten verfeinern wird.

Die zweideutigen Kunstmetaphern, die Fieskos Reden durchziehen, deuten auf seine Verstellungsstrategien und Täuschungsmanöver. Lavagna, der sich in seiner Manipulation des Volkswillens – durch die an Shakespeares *Coriolanus* angelehnte Erzählung der Tierfabel (4, 47 ff.) – als Machiavellist ausweist, inszeniert die Revolte als Theateraufführung, zu der er die Verschwörer mit wohlerwogener Absicht lädt: «Ich bin so frei gewesen, Sie zu einem Schauspiel bitten zu lassen – Nicht aber, Sie zu unterhalten, sondern Ihnen Rollen darinn aufzutragen.» (4, 88) Fiesko, den das Personenverzeichnis «höfischgeschmeidig, und eben so tükisch» (4, 11) nennt, operiert ohne klares politisches Programm, weil sein Handeln einzig der Selbstheroisierung dienen soll. In den zwei aufeinanderfolgenden Monologen der Szenen II,19 und III,2 formuliert er zwar unterschiedliche Aussagen über seine mögliche Rolle nach dem Sturz des Andreas, doch verbindet sie das Motiv der Ich-Verklärung. Zunächst verkündet er das Gebot der Entsagung im Dienst der republikanischen Idee: «Ein Diadem erkämpfen ist gros. Es wegwerfen ist göttlich. Geh unter Tyrann! Sei frei Genua, und ich dein glüklichster Bürger!» (4, 64) Nur wenig später heißt es, unter dem Eindruck der über dem Meer aufgehenden Morgensonne, über die Schönheit der Macht: «Ein Augenblik: Fürst: hat das Mark des ganzen Daseins verschlungen. Nicht der Tummelplatz des Lebens – sein Gehalt bestimmt seinen Werth. Zerstüke den Donner in seine einfache Sylben, und du wirst Kinder damit in den Schlummer singen; schmelze sie zusammen in einen plözlichen Schall, und der Monarchische Laut wird den ewigen Himmel bewegen – Ich bin entschlossen!» (4, 67 f.) Der brillante Kopf Fiesko, dessen Psychogramm dem Typus des Genies entspricht, wie ihn Jakob Friedrich Abel im Dezember 1776 in einer Akademie-Rede vor dem Herzog und den Eleven charakterisierte, ist ein Egomane, für den Machtverzicht und Usurpation nur die zwei Seiten einer Medaille darstellen – unterschiedliche Mittel der Ich-Inszenierung, die aber gleichermaßen der Steigerung seines Selbstgenusses dienen können.

Da dem Stoff eine aristotelische, das heißt: durch die Handlungsstruktur bedingte Tragik fehlt, fand Schiller keinen kathartischen Schluß. Der zufällige Tod des historischen Fiesko, der am 3. Januar 1547 während der Inspektion des Hafens von einer Schiffsplanke geglitten und, durch seine schwere Rüstung eingezwängt, in den Fluten ertrunken war, ließ sich dramatisch nicht verwerten. Die Buchausgabe zeigt ein Finale, in dem Verrina den zur Alleinherrschaft entschlossenen Lavagna ins Meer stürzt und sich, darin Karl Moor vergleichbar, als gescheiterter Rebell dem alten Doria stellt; die Mannheimer Theaterfassung dagegen führt, nicht recht überzeugend, den auf das Diadem verzichtenden Fiesko als glücklichsten Bürger der restituierten Republik

Genua vor, der seine Eitelkeit dem Recht des Staates subordiniert. Die fehlende Evidenz dieser Schlußszenen hat nicht verhin-
dert, daß das Drama bis zum Ende der 1780er Jahre von knapp
50 deutschen Bühnen aufgeführt wurde. Der anfängliche Mannheimer Mißerfolg blieb damit eine Ausnahme – der *Fiesko* avancierte in der Zeit vor der Revolution in Frankreich zum erfolg-
reichsten Bühnenstück eines lebenden deutschen Autors.

Mit seinem dritten Drama *Louise Millerin*, das – vermutlich
auf Initiative des Mannheimer Schauspielers (und späteren Berliner Intendanten) Iffland – für die Publikation (im März 1784 bei
Schwan) in *Kabale und Liebe* umbenannt wurde, nahm Schiller
die publikumswirksame Gattung des bürgerlichen Trauerspiels
auf. Sämtliche Ingredienzen des Genres, das in Deutschland
seit Lessings *Miss Sara Sampson* (1755) vertraut war, finden
sich hier versammelt: der Ständekonflikt, die melodramatische
Liebesgeschichte, die heimtückische Intrige, tragisches Mißver-
ständnis und Giftmord bilden das szenische Mosaik, das von
Schiller mit großem technischem Sachverstand auf unmittelbare
emotionale Wirkung beim Publikum zugeschnitten wird (die
Frankfurter bzw. Mannheimer Premiere erzielte im April 1784
gleichwohl nur mittleren Erfolg).

Zu den Kunstgriffen des Dramatikers gehört es, daß er seine
von Shakespeares *Romeo and Juliet* (1597) inspirierte Handlung
in eine nahezu symmetrische Bauform zwingt. Durchgehend regiert das Prinzip des Kontrasts mit Szenenwechseln zu Beginn
und in der Mitte der einzelnen Akte, das die effektvolle Gegen-
überstellung der sozialen Milieus im Spannungsfeld zwischen
bürgerlicher Wohnstube im Hause Millers, höfischem Boudoir
der Mätresse Milford und Saal beim Präsidenten ermöglicht. Ein
wesentliches Element des an Wagners *Kindermörderin* (1776)
geschulten Realismus ist die genaue Nuancierung der Sprache,
die zu einem Charakteristikum von sozialem Stand und psychischer Situation gleichermaßen wird. Die derbe Diktion Millers,
die Bildungsschnitzer seiner Ehefrau, das alberne Hoffranzö-
sisch von Kalbs, die zynische Ironie des Präsidenten und die pathetischen Eruptionen des Schwärmers Ferdinand repräsentieren Formen einer Rede, deren Polyphonie das Produkt genauer

Wirkungsorientierung darstellt. Zu solcher Vielstimmigkeit ge-
sellt sich eine Pluralität der dramatischen Stilmittel, die Schiller
in späteren Texten – mit Rücksicht auf klassische Geschlossen-
heit – nicht mehr bietet; neben das hohe Pathos der Monologe
Ferdinands, die giftige Kasuistik der Intrigantengespräche und
den handfesten Naturalismus der Dialoge im Haus Millers treten komödiantische Elemente, wie sie zumal an die zu Parade-
nummern der Hofsatire geratenden Auftritte des Marschalls von
Kalb gebunden bleiben. Die reichen Regieanweisungen, die ein
eigenes Register der psychologischen Beschreibungssprache aus-
bilden, beschränken sich in seinem Fall nicht nur auf die physio-
gnomisch-habituelle Charakteristik, sondern beziehen die kom-
plette Sinneswahrnehmung des potentiellen Zuschauers ein,
wenn es heißt: «Er fliegt mit großem Gekreisch auf den Präsidenten zu, und breitet einen Bisamgeruch über das ganze Par-
terre.» (5 N, 32)

Anders als im *Fiesko* ist in *Kabale und Liebe* die tragische
Konstellation bis zum Ende klar umrissen. Louise erscheint als
das doppelte Opfer ihres Standes und der höfisch motivierten,
jedoch perfiderweise durch einen Bürgerlichen – Wurm – erson-
nenen Intrige. Den Verzicht auf Ferdinand meint Louise ihrem
Glauben schuldig zu sein, weil sie die gesellschaftliche Standes-
ordnung als gottgewollt begreift. Der theologische Diskurs, der
sich durch das Drama zieht, führt zwei unterschiedliche Auffas-
sungen vom Schöpfer mit sich; während Louise in ihm den Er-
bauer der irdischen Welt im Zeichen des gesellschaftlichen *Status quo* sieht, erblickt Ferdinand in Gott eine Macht, die die
Liebenden schützt, folglich die Lizenz zur Auflehnung gegen soziale Ordnungen erteilt, die deren Glück unterbinden. An die
Stelle von Ferdinands weltorientierter Gefühlsreligion, in der
erneut ein Moment der Schillerschen *Theosophie* aufscheint,
tritt bei Louise die von ihrem Vater vermittelte Hoffnung auf
die Liebeserfüllung im himmlischen Reich Gottes, wo «die
prächtigen Teil wohlfeil werden» und «die Herzen im Preise
steigen» – eine Vorstellung, die an die Tauschlogik erinnert, in
der das wenig später entstandene Gedicht *Resignation* eine Ver-
fälschung christlichen Denkens erkennen wird (5 N, 22).

Zwingt Louise sich durch eine von Schiller selbst als problematisch erachtete Entsagungshaltung zum Verzicht, so ist es Ferdinands Egozentrik, die sie in den Tod treibt. Die – durch Lektüre kultivierte – bürgerliche Empfindsamkeit verbindet sich bei ihm mit einem aristokratisch gefärbten Absolutheitsanspruch des Schwärmers, der ihn blind für die Briefintrige Wurms und empfänglich für die Zeichen des vermeintlichen Betrugs macht. Der rasende Ferdinand tötet in einem Akt der Verblendung, welcher an die Hybris der Helden der attischen Tragödie gemahnt, seine ehemalige Geliebte, deren Schicksal als doppeltes Opfer bürgerlicher Resignation wie aristokratischer Anmaßung auf diese Weise besiegelt ist: «Mich laß allein machen, Richter der Welt! (*indem er schreklich die Hände faltet*) Sollte der reiche vermögende Schöpfer mit einer Seele geizen, die noch dazu die schlechteste seiner Schöpfung ist? Das Mädchen ist mein! Ich einst ihr Gott, jetzt ihr Teufel!» (5 N, 126) In dem Moment, da der empfindsame Schwärmer dem imperatorischen Anspruch des Eifersüchtigen weicht, der sich das Amt des Rächers anmaßt, wird auch der Gott der Liebenden durch den alttestamentarischen Jahwe ersetzt, der keine Gnade kennt. Der unerhörte Umschwung, der Ferdinand vom Engel in einen Teufel verwandelt, vollendet die Intrige Wurms, deren Ziel die Zerstörung jenes intimen Vertrauens war, das die Bedingung der empfindsamen Affektkultur bildet: «Ein Gran Hefe reicht hin, die ganze Masse in zerstörende Gährung zu jagen.» (5 N, 86)

Schillers bürgerliches Trauerspiel ist nicht nur ein «melodramatischer Reißer», wie Erich Auerbach despektierlich bemerkt hat, sondern zugleich ein brisantes Zeitstück, das in der Kammerdienerszene eine unverhohlene Anklage gegen den Absolutismus formuliert. Die Juwelen, die der Fürst seiner Mätresse als Geschenk überreichen läßt, sind, so erfährt die entsetzte Lady Milford, mit dem Kopfgeld bezahlt, das er von der britischen Kolonialmacht in Amerika für die ihr zur Verfügung gestellten Soldaten empfängt: «Es traten wol so etliche vorlaute Bursch' vor die Front heraus, und fragten den Obersten, wie theuer der Fürst das Joch Menschen verkaufe? – aber unser gnädigster Landesherr lies alle Regimenter auf dem Paradeplatz aufmar-

schieren, und die Maulaffen niederschießen. Wir hörten die
Büchsen knallen, sahen ihr Gehirn auf das Pflaster sprüzen, und
die ganze Armee schrie: Juchhe nach Amerika.» (5 N, 50) Die
Kammerdienerszene mußte bei zeitgenössischen Aufführungen
des Dramas in der Regel gestrichen werden, denn sie traf ins
Herz des Absolutismus: Sowohl der Landgraf von Hessen als
auch Schillers künftiger Mäzen, der Weimarer Herzog Carl August, verdienten am Verkauf ihrer Soldaten beträchtliche Summen, die sie der eigenen Kasse zuführten. Daß selbst Goethe in
seiner Funktion als Vorsitzender der weimarischen Kriegskom-
mission mit vergleichbar schmutzigen Geschäften befaßt war,
dürfte Schiller auch in späteren Jahren kaum geahnt haben.

Die Sozialkritik des Trauerspiels berührt sich mit der auf-
trumpfenden Rhetorik der Schaubühnenrede, die Schiller im
Frühjahr 1784 verfaßte. Sie wurde am 26. Juni 1784 vor der
Mannheimer *Deutschen Gesellschaft* vorgetragen, zu deren Mitglied er auf Initiative Dalbergs gewählt worden war. Ihren ur-
prünglichen Titel – *Vom Wirken der Schaubühne auf das Volk* –
wandelte er ein Jahr später für die Druckfassung der *Rheinischen
Thalia* in eine allgemeiner gehaltene Variante um: *Was kann eine
gute stehende Schaubühne eigentlich wirken?* Als er den Text Anfang des Jahres 1802 in den vierten Band seiner von Crusius veröffentlichten *Kleineren prosaischen Schriften* aufnahm, kürzte er
ihn geringfügig, strich die Einleitung und gab ihm eine effektvol-
lere Überschrift, unter der die Abhandlung nach seinem Tod Epoche machte: *Die Schaubühne als moralische Anstalt betrachtet.*
Die politische Anklage, die *Kabale und Liebe* formuliert, findet
sich in der Rede als zentrales Element einer effektvollen, zugleich
erzieherisch operierenden Theaterkunst beschrieben: «Die Ge-
richtsbarkeit der Bühne fängt an, wo das Gebiet der weltlichen
Geseze sich endigt.» (20, 92) Schillers Text, der an solchen Punkten die Möglichkeiten des Theaters zu überfordern droht, zielt jedoch nicht ausschließlich auf die Ergänzung von Religion und
Recht durch moralische Erziehung (über deren praktische Grenzen ihn die Mannheimer Theaterverhältnisse belehrten). Im Zentrum seiner Argumentation steht das Ideal einer psychologischen
Bühnenwirkung, welche die Menschenkenntnis des Zuschauers

mehrt, indem sie seine Einsicht in das Laster vertieft. Mit analytischem Scharfsinn, der die medizinische Schulung ahnen läßt, hält Schiller fest, daß das Theater den von «niederdrückenden Geschäften des Berufs» erschöpften, zugleich aber durch den «Trieb nach Thätigkeit» gesteuerten Besucher (20, 90) in einen mittleren Zustand zwischen Anspannung und Entspannung versetze, den einzig die ästhetische Erfahrung vermittle (eine Diagnose, die er in den kunstphilosophischen Studien der 1790er Jahre vertiefen wird). Die Kehrseite dieses psychologisch fundierten Wirkungsprogramms, das Herz und Verstand gleichermaßen bilden soll, offenbart freilich die Lust des Autors an der Verfügung über das Publikum, wie sie bereits das Mannheimer Avertissement des *Fiesko* im Januar 1784 mit kunstvollen Metaphern beschwört: «Heilig und feierlich war immer der stille, der große Augenblick in dem Schauspielhaus, wo die Herzen so vieler Hunderte, wie auf den allmächtigen Schlag einer magischen Rute, nach der Phantasie eines Dichters beben – wo, herausgerissen aus allen Masken und Winkeln, der natürliche Mensch mit offenen Sinnen horcht – wo ich des Zuschauers Seele am Zügel führe und nach meinem Gefallen, einem Ball gleich dem Himmel oder der Hölle zuwerfen kann – und es ist Hochverrat an dem Genius – Hochverrat an der Menschheit, diesen glücklichen Augenblick zu versäumen, wo so vieles für das Herz kann verloren oder gewonnen werden.» (22, 90 f.)

V Das Drama des Betrugs. *Don Karlos*

Bereits im Mai 1782, während des unerlaubten Mannheimbesuchs, macht der Intendant von Dalberg Schiller auf das dramaturgische Potential der Biographie des spanischen Infanten Don Carlos aufmerksam. Dalberg kannte das Sujet vermutlich durch die 1672 veröffentlichte *Histoire de Dom Carlos* des Abbé Saint-Réal. Der auf Sensationseffekte setzende Roman erzählt, in vielen Punkten von den objektiven Fakten abweichend, die Geschichte des 1545 geborenen spanischen Infanten als Eifersuchtstragödie, in deren Verlauf Philipp II. seinen Sohn, den er einer Liebesaffaire mit seiner erheblich jüngeren Ehefrau Elisabeth von Valois verdächtigt, von den Schergen der Inquisition beseitigen läßt. Die historische Wahrheit stellte sich vermutlich anders dar: Carlos war, wie neuere historische Studien zeigten, ein zu Wutausbrüchen und Gewaltexzessen neigender Neurotiker, dessen Gemütsverfassung sich nach einem bei einem galanten Abenteuer erlittenen Treppensturz – offenbar aufgrund einer Hirnverletzung – dramatisch verdüsterte. Als man ihn, weil er mehrfach Anschläge gegen seinen Vater geplant hatte, in einem Kellergefängnis einkerkerte, trat er in einen Hungerstreik, an dessen Spätfolgen er am 24. Juli 1568 starb; seine Stiefmutter verschied wenige Monate später aus nicht genau geklärten Ursachen (vermutlich an den Folgen einer Fehlgeburt), was Gerüchte über einen Mord aus Eifersucht aufkommen ließ.

Die mit einer massiv antikatholischen Tendenz verbundene spekulative Dimension des Romans zog Schiller außerordentlich an. Als seine abenteuerliche Flucht aus Stuttgart Ende des Jahres 1782 im winterlich verschneiten Bauerbach zu einem vorläufigen Ende gekommen war, begann er, während die Arbeit an der *Louise Millerin* langsam voranschritt, eine intensivere Auseinandersetzung mit dem Stoff. Am 9. Dezember 1782 erbittet er im Rahmen einer Bücherliste vom Meininger Bibliothekar Reinwald die Werke Saint-Réals zur genauen Überprüfung. Ende März ersucht er Reinwald, ihm für das weitere Quellenstudium geeignete Texte zu nennen. Der Bibliothekar sendet ihm darauf Brantômes *Les vies des hommes illustres et grands capitaines françois de son temps* (1665) (mit einem Abriß zum Schicksal des Don Carlos), den neunten und zehnten Band von Johann von Ferreras *Allgemeiner Historie von Spanien* sowie Louis-Sébastien Merciers *Portrait de Philippe second, Roi d'Espagne* (1785) (die deutsche Übersetzung druckte Schiller im Februar 1786 in der *Thalia*). In Bauerbach entsteht ein vierseitiger Entwurf des *Karlos*-Dramas, der den Verlauf der geplanten fünf Akte (7/II, 183 f.) bereits überraschend genau umreißt, zugleich aber die Schwierigkeiten dokumentiert, in die Schiller bei der Motivierung seiner tragischen Katastrophe gerät; die frei erfundene Posa-Figur, die hier schon konzipiert ist, besitzt noch keine sonderlich ausgeprägten Konturen, so daß auch die – später an sie unmittelbar gebundene – Intrigenhandlung unvollständig und uneinheitlich wirkt. Die dramatische Entwicklung erwächst allein aus den familiären Konflikten; im Vordergrund steht die von Saint-Réal umrissene Eifersuchtstragödie, während die politische Dimension noch kein eigenes Profil gewinnt. Daß Schiller jedoch bereits zur Zeit des Bauerbacher Entwurfs wußte, wie eng diese Dimension mit dem Stoff verbunden war, verrät sein Brief an Reinwald vom 14. April 1783, in dem es heißt, er suche in seinem neuen Drama durch die «Darstellung der Inquisition» die «prostituirte Menschheit zu rächen, und ihre Schandfleken fürchterlich an den Pranger zu stellen.» (23, 81)

Erst im Sommer 1784 – nun in Mannheim – treibt Schiller das *Karlos*-Projekt weiter. Gegenüber Dalberg nennt er seinen Entwurf am 7. Juni 1784 ein «Familiengemählde in einem fürstlichen Hauße» (23, 144). Diese vielzitierte Formel bezeichnet nicht die Priorität des Privatkonflikts, sondern die Darstellungstechnik, mit deren Hilfe Schiller eine breit aufgefächerte Inszenierung der tragischen Kollision bieten möchte. Geprägt wird ein solcher Ansatz durch Diderots Konzept des ‹Tableau›, das dieser 1758 im Rahmen seiner als Anhang zum Schauspiel *Le Père de famille* veröffentlichten Studie *De la Poésie dramatique* entwickelt hatte. Diderots Essay, den Lessing 1760 ins Deutsche übertrug, lieferte Überlegungen zur dramatischen Motivierungstechnik, Szenenkonstruktion und Figurenpsychologie, die ihrerseits auf Schillers bühnenästhetisches Verständnis abfärbten. Vor diesem Hintergrund beschreibt die Formel im Brief an Dalberg nicht das Projekt eines in die Hofwelt verschobenen Familiendramas, sondern ein Vorhaben, das den historischen Stoff in ein szenisches Panorama überführen möchte, in dem er sich wirkungsmächtig entfalten kann, ohne daß damit die Frage nach der politischen Sprengkraft des Sujets berührt wird.

Die Überarbeitung des *Karlos*-Manuskripts im Mannheimer Sommer 1784 erbringt eine wesentliche formale Modifikation, die auch für die spätere Dramenproduktion folgenreich ist:

Schiller überführt seine ältere Prosafassung in freie Jamben, in jene Versform, die er künftig für sämtliche seiner großen Bühnentexte nutzen wird. Beeinflußt hat ihn dabei die Lektüre von Wielands *Briefen an einen jungen Dichter*, die zwischen August 1782 und März 1784 in drei Teilen im *Teutschen Merkur* erschienen waren. Wieland machte hier Front gegen den blassen Prosastil bürgerlicher Trauerspiele und Rührkomödien, dem er die Forderung nach einer am französischen Klassizismus ausgerichteten, punktuell aber beweglicheren Versifizierung für das moderne Drama entgegensetzte. Schiller begreift den Übergang zur Verssprache mit Wieland als Versuch, seinen Text zu verfeinern, ihn auf ein höheres rhetorisches Niveau zu heben und damit dem pathetischen Stoff anzupassen, ohne jedoch psychologische Nuancierungen preisgeben zu müssen. Gerade der freie Rhythmus der Jamben sorgt dafür, daß die Diktion flexibel bleibt und sich den Imperativen eines genau vorstrukturierten Metrums, wie es den Alexandriner kennzeichnet, entziehen darf.

Ende Dezember 1784 liest Schiller auf Vermittlung Charlotte von Kalbs in Darmstadt vor der landgräflichen Familie und ihrem Gast, dem Weimarer Herzog Carl August, aus den ersten beiden Akten des Manuskripts. Mitte März 1785 erscheint der erste Akt (mit 1349 Versen) des *Don Karlos* in der neu gegründeten *Rheinischen Thalia*; im Februar 1786 folgen die drei ersten Szenen des zweiten Aufzugs, im April dessen Schlußsequenzen, im Januar 1787 neun Szenen des dritten Akts. Der Vorabdruck endet mithin an der Schwelle zur großen Peripetie, die durch die Audienzszene III,10 bezeichnet wird. Konzeptionelle Schwierigkeiten und neue Einsichten, die ein erweitertes Quellenstudium vermittelt, verhindern während der Dresdener Zeit (Herbst 1785–Sommer 1787) eine zügigere Ausarbeitung. Im Oktober 1785 liest Schiller Robert Watsons *The History of the Reign of Philipp the Second, King of Spain* (1777, 1778 deutsch: *Geschichte der Regierung Philipps des Zweyten, Königs von Spanien*). Ein Jahr später läßt er sich über Göschen in Leipzig William Robertsons *History of the Reign of the Emperor Charles V.* (1769) zusenden, eine 1770/71 in deutscher Übersetzung publizierte dreibändige Darstellung der Regierungszeit Karls V., die er

schon im Frühjahr 1782 während der Arbeit an der *Verschwörung des Fiesco zu Genua* benutzt hatte. Insbesondere durch
Watsons Epochenpanorama ändert sich Schillers Verhältnis zu
seinem Stoff; das von Saint-Réal geprägte negative Urteil über
Philipp II. weicht jetzt einer moderateren Einschätzung, die un-
mittelbar in die Konzeption der beiden im April 1787 beendeten
Schlußakte eingeht. An den Platz des finsteren Tyrannen tritt der
einsame Herrscher, der sich im eigenen Haus von den Schreckbil-
dern seines Mißtrauens umstellt sieht: «So lange | der König
schläft, ist er um seine Krone» (v. 2975 f.). Zugleich bleibt der
Bruch unübersehbar, der das Trauerspiel in zwei Hälften teilt.
Das wachsende Interesse für die politischen Schachzüge des
Marquis und die Tragödie des Monarchen drängt den Titelhelden aus dem Zentrum des Geschehens. Als Text über die Dialektik der Aufklärung und nicht als Drama einer empfindsamen
Freundschaft gewinnt der *Don Karlos* seine modernen Konturen, die ihm Aktualität bis in unsere Zeit verschaffen.

Ins Zentrum des politischen Dramas führt das Gespräch zwischen König Philipp und Posa in Szene III, 10: Ein zur Rebellion
Entschlossener wird von dem Mächtigen, den er zu stürzen
plant, zu einer Privataudienz geladen, an deren Ende er, obgleich
er den Souverän mit hochverräterischen Ideen überrascht hat,
zum neuen Vertrauten der Krone avanciert, der künftig unange-
meldet bei seinem König Gehör findet. Das Madrid des ausgehenden 16. Jahrhunderts verwandelt Schiller in einen Schauplatz, auf dem die politischen Ideen des 18. Jahrhunderts um
Vormacht streiten. Der Gedankenhimmel, den Posa vor den Augen des König Philipp, in dessen Weltreich die Sonne nie unter-
geht, beleuchtet, besteht aus zwei Fixsternen – sie tragen die Namen Montesquieu und Rousseau. Von Montesquieu leiht Posa
das Instrumentarium zur Analyse der politischen Systeme: Monarchien, so erläutert der Malteserritter, den Schiller mit dem
Gedankengut der Aufklärung ausgerüstet hat, lebten von der
Ehrsucht der Höflinge, die aus der Hand ihres Herrschers nur
«Maschinenglück», nicht aber Freiheit empfangen; für ihn selbst
besitze jedoch die Tugend einen «eignen Werth», den der feudale
Dienst niemals aufwiegen könne (v. 3561 ff.). In Montesquieus

Abhandlung *De l'esprit des lois* (1748), die er gemeinsam mit Huber und Körner 1785 in Loschwitz genauer studierte, hatte Schiller das Muster für diese Zuordnung gefunden: Während in Monarchien allein die Ehre zähle, so führte Montesquieu aus, existiere die Republik – im 18. Jahrhundert zugleich ein Synonym für den ‹Staat› – durch die Tugend ihrer Bürger. Posas Ideal der «Gedankenfreiheit» (v. 3862) – eine Formel, die sich ihrerseits aus Voltaires «Liberté de penser» (*Dictionaire philosophique*, 1765) herleitet –, stützt sich auf die feste Überzeugung, daß der Staat dem Menschen, nicht aber dieser der Institution zu dienen habe. Insofern verteidigt Posa in seiner couragierten Rede vor dem König keineswegs das Modell der verfassungsgestützten Monarchie, sondern – prinzipieller – die Autonomie des Individuums, die zunächst im Raum seiner intellektuellen Selbstentfaltung und erst in zweiter Hinsicht auf der juristisch-politischen Ebene der Staatsordnung sichergestellt werden könne.

Der Posa der Audienzszene proklamiert eine intellektuelle Freiheit des Menschen, die der wahre Souverän wie Gott die von ihm geschaffene Natur zu schützen habe. Gegen diese Argumentation setzt der König ein Denkmodell, das aus Hobbes' *Leviathan* (1651) stammt; in seinem Reich, erklärt er, blühe «des Bürgers Glück in nie bewölktem Frieden» (v. 3800). Es ist das funktionale Programm der Staatssicherheit, das hier zu Gesicht kommt: Glück entsteht durch Frieden als Zustand der Sekurität jenseits innerer und äußerer Kriege. Posa nennt dieses Stadium, in dem sich die Ordnungsutopie des absolutistischen Zeitalters enthüllt, die «Ruhe eines Kirchhofs» (v. 3802). Seine Kritik am Stabilitätsdenken des Monarchen Philipp verweist auf den zweiten Fixstern, der über Schillers großer Szene leuchtet: auf Rousseau. In dessen Schrift über den Gesellschaftsvertrag (*Du contrat social*, 1762) konnte Schiller Sätze lesen, die sich seinem Gedächtnis einbrannten, weil sie ins Herz des Absolutismus zielten: «Man wird sagen, daß der Despot seinen Untertanen die bürgerliche Ruhe sichert. Mag sein; aber was gewinnen sie dabei, wenn die Kriege, die sein Ehrgeiz ihnen zuzieht, wenn seine unersättliche Gier, wenn die Mißhandlungen unter seiner Regierung sie elender machen als gegebenenfalls ihre eigenen Zerwürfnisse?

Was gewinnen sie, wenn diese Ruhe gerade eines ihrer Leiden ist? Auch in den Verliesen lebt man in Ruhe, genügt das, um sich dort wohl zu fühlen?» ‹Maschinenglück›, ‹Ruhe eines Kirchhofs› – das sind Metaphern, die aus dem Arsenal von Rousseaus Anklagerhetorik stammen. Schiller wappnet seinen Malteserritter, einen spanischen Granden des 16. Jahrhunderts, mit den Argumenten der spätaufklärerischen Absolutismuskritik.

Posa allerdings, der Anwalt der Menschenrechte, verwickelt sich im Fortgang des Dramas in den Schlingen seiner politischen Ambitionen. Was ihn antreibt, ist wieder ein verdecktes Streben nach Macht, das sich durch die moralische Überlegenheit seines Idealdenkens sanktioniert fühlt, letzthin aber in den Sog der Intrige gerät. Schiller spricht 1788 vorsichtiger von Posas «Eigendünkel» und «Stolz», betont jedoch zugleich, daß gerade der Tugendrigorist geneigt sei, «ebenso willkürlich mit den Individuen zu schalten, als nur immer der selbstsüchtigste Despot» (22, 170). Wenn der Marquis mit denselben Stategien der Unaufrichtigkeit und Verstellung operiert, die er an der höfischen Welt verwirft, reproduziert er zudem die Ordnung der Macht, die er vermeintlich attackiert («denn nichts führt zum Guten, was nicht natürlich ist», diagnostiziert Schiller 1788; 22, 172). In den komplizierten Windungen der von ihm gesponnenen Intrige verfängt sich Posa selbst, weil er unterschätzt, was Max Kommerell, bezogen auf den Raum der politischen Handlungsethik, als die ‹Tragödie der Mittel› bezeichnet hat. In dem Moment, da das Ideal der Menschenrechte auf den Weg der praktischen Umsetzung gebracht wird, gerät es in den Mahlstrom eines Systems, das den Autonomiegedanken funktionalisiert, Freiheit zum Werkzeug des Nutzens degradiert und den handelnden Menschen korrumpiert. So hat Schiller, indem er den Marquis Posa als Anwalt einer neuen Monarchie der Freiheit versagen läßt, die Dialektik der Aufklärung und das Dilemma der Politik gleichermaßen vor Augen geführt.

Dialektisch scheitert der Aufklärer Posa, da bei ihm die Idee der Freiheit im Gedanken moralischer Überlegenheit selbst zum Instrument der Unterdrückung gerät. Als Politiker geht Posa unter, weil er ignoriert, daß Systeme eine Beharrungskraft besitzen, die strukturell gebunden, mithin nicht durch Rebellion zu überwinden ist – mit dieser Konstellation werden sich wenige Jahre später die Jakobiner in Paris konfrontiert sehen, wenn sie von der Logik der Destruktion verschlungen werden, die ihre eigene Revolution freisetzte. Politik beschränkt sich nicht auf das Bereithalten von Kapazitäten für Entscheidungsprozesse, wie das Niklas Luhmann formuliert hat, sondern operiert stets mit Dispositiven einer strukturellen Gewalt, die auch der Idealist, wenn er sich in die Fänge ihres Handlungssystems begibt, anerkennen muß. Posa unterschätzt die Macht der Politik, in deren Wirkungsbereich alle Aktivitäten zwangsläufig zur Politik der Macht geraten.

Modern ist Schillers Drama, weil es am Vorabend der Französischen Revolution die Logik der Politik als Einschließung des Handelnden in einem Raum der Entscheidungszwänge kenntlich macht. In seiner atemberaubenden Schlußszene demonstriert das Stück, daß nicht das Individuum, sondern die Institution aus dem Wettstreit von Menschenrechten und Staatssicherheit als Sieger hervorgeht. Längst, so erfährt man, hatte die Inquisition den Malteserritter Posa, der nun unter den Kugeln der königlichen Garde zu Tode gekommen ist, im Visier ihrer Beobachtungs- und Überwachungskartelle. König Philipp, der den Marquis aus Enttäuschung und Verbitterung über dessen Verrat töten läßt, habe, so hält ihm der Kardinal Großinquisitor in der Schlußszene vor, gegen die Interessen der kirchlichen Gerichtsbarkeit verstoßen: «Der Mensch | war unser – Was berechtigt Sie | des Ordens heil'ge Güter anzutasten? | Durch uns zu sterben war er da.» (v. 6066 ff.) Hier triumphiert die Autorität des Apparates über die des Königs, der seinen Fehler nur korrigieren kann, indem er seinen eigenen Sohn der Inquisition ausliefert: «Kardinal! Ich habe das Meinige gethan. Thun Sie das Ihre.» (v. 6283 f.)

Aus dem Versagen der Personen geht die anonyme Ordnung der Macht, die in der Inquisition exemplarisch repräsentiert wird, gestärkt hervor. Weder der Idealist noch der Monarch, weder der auf Umsturz sinnende Hochverräter Posa noch der Herrscher Philipp haben ihr Ziel erreicht. Die Stabilisierung des

Status quo bedeutet zugleich, daß das Gewicht der Institution als Repräsentantin einer strukturellen Macht jenseits individueller Verantwortung zugenommen hat. Die Diagnose, daß dem modernen Menschen im Zeichen von Arbeitsteilung und Entfremdung nur noch durch ein «Formular» vorgeschrieben werde, was er zu tun habe, stammt nicht, wie man vermuten könnte, von Marx, sondern von Schiller (20, 324); sie findet sich in den Briefen *Ueber die ästhetische Erziehung* von 1795 expliziert, am Schluß des *Don Karlos* jedoch bereits vorgezeichnet. Ein pessimistisches Ende, das kaum das Zeug dazu hat, das alte Vorurteil vom ‹Idealisten› Schiller zu bekräftigen. Statt dessen öffnet es den Blick auf politische Kräftefelder und Aktionsräume, die den Traum von der Freiheit des Individuums als Illusion erscheinen lassen. Noch ehe die blutige Schreckensherrschaft Robespierres anbrach und die Revolution in eine Tötungsmaschine verwandelte, hat Schiller – jenseits und vor der geschichtlichen Erfahrung – im *Don Karlos* illustriert, daß die Macht die Ideen frißt, wenn diese Handlungsautorität gewinnen wollen.

VI Auf dem literarischen Markt.
Der Publizist und Erzähler

In der Ankündigung der *Rheinischen Thalia* schreibt Schiller Mitte März 1785 unter dem Eindruck seiner ungesicherten Lebenssituation nach der Entlassung aus dem Mannheimer Theatervertrag: «Nunmehr sind alle meine Verbindungen aufgelöst. Das Publikum ist mir jetzt alles, mein Studium, mein Souverain, mein Vertrauter. Ihm allein gehör ich jetzt an. Vor diesem und keinem andern Tribunal werd ich mich stellen.» (22, 94) In der Tat ist Schiller im mehrfachen Sinn des Wortes ein ‹freier› Autor. Nachdem er «Familie und Vaterland» (22, 94) verlassen hat, muß er auf die Gesetze des literarischen Marktes bauen, um seinen Lebensunterhalt zu sichern; der Verlust der bürgerlichen

Sekurität bedeutet Gefahr und Verheißung zugleich: die praktische Erfahrung der Dialektik der Freiheit.

Die *Rheinische Thalia* bringt Schiller zum Selbstkostenpreis ohne Verleger auf den Markt, wobei die Mannheimer Post und die Buchhandlung Schwans den Vertrieb organisieren. Die Zahl der Subskribenten bleibt jedoch so niedrig, daß ein Fiasko gedroht hätte, wäre nicht der Leipziger Freund Göschen eingesprungen, der Schiller im März 1785 für 300 Taler (aus der Privatkasse Körners) die Rechte an der *Thalia* abkauft und fortan in seinem Verlag Druck, Werbung und Distribution des Journals übernimmt. Die Zeitschrift gewinnt damit ein solides finanzielles Fundament, das es Schiller erlaubt, Beiträge unter primär qualitativen Gesichtspunkten auszuwählen. Da er selbst jedoch als Autor ohne bürgerliches Amt auf die Einnahmen dringend angewiesen ist, bezieht er fremde Artikel zunächst nur in Notfällen ein und publiziert bevorzugt eigene Arbeiten. Neben das *Karlos*-Fragment, die *Philosophischen Briefe* und die erzählerischen Texte treten ab 1788 Übersetzungen von Dramen des Euripides und kleinere historische Abhandlungen. Für die Dauer von sechs Jahren, zwischen Herbst 1785 und Ende 1791, ist Schiller mit der Herausgabe der *Thalia* befaßt. Keines seiner künftigen Zeitschriftenprojekte wird ihn über einen derart langen Zeitraum in Beschlag nehmen; weder die 1792 aufgelegte *Neue Thalia* noch die ihr 1795 folgenden *Horen* erleben mehr als drei Jahrgänge. Gerade weil die editorische Tätigkeit zu literarischer Produktivität zwang, hat Schiller jedoch die Verpflichtungen, die ihm aus der redaktionellen Arbeit erwuchsen, als Last empfunden. Der Kampf um das Publikum, das er im März 1785 als seinen Mäzen preist, zeigte im Alltag ein prosaisches Gesicht. Am 24. August 1799 heißt es in einem Brief an Hölderlin, der sich mit eigenen Journalplänen trägt, pessimistisch: «Die Erfahrungen, die ich als Herausgeber von periodischen Schriften seit 16 Jahren gemacht, da ich nicht weniger als 5 verschiedene Fahrzeuge auf das klippenvolle Meer der Literatur geführt habe, sind so wenig tröstlich, daß ich Ihnen als ein aufrichtiger Freund nicht rathen kann, ein Aehnliches zu thun.» (30, 89)

Solche Sätze sind auch vor dem Hintergrund des Arbeitsdrucks geschrieben, dem sich Schiller über Jahre aussetzte. Für den freien Publizisten gab es keine freie Stunde, keinen Moment der inneren Entspannung und Ruhe: Das Diktat des Marktes forderte seinen Tribut. Während Schiller seine Tage in der Dresdener Zeit (1785–87) zuweilen noch als Müßiggänger durchbummelt und verträumt, steigert er nach der Ankunft in Weimar im Spätsommer 1787 seinen Arbeitseifer erheblich. Geschrieben wird jetzt schon am frühen Morgen, nicht erst in den Abendstunden, wie er es seit der Mannheimer Theaterzeit liebte. An die Stelle des Wein- und Champagnergenusses, der das Schreiben des jungen Autors begleitete, tritt in späteren Jahren der Kaffee als Aufputschmittel, das die Konzentration steigert. Als leidenschaftlicher Raucher ist Schiller zudem während der Arbeit auf den Tabak angewiesen; daß ihn der Geruch fauler Äpfel bei der literarischen Tätigkeit stimuliert haben soll, berichtet Goethe in einem Gespräch mit Eckermann (7. Oktober 1827).

Durch gesteigerte publizistische Aktivität hoffte Schiller seine materielle Lage als freier Autor zu verbessern. Daß Journale im Zeitalter der Spätaufklärung auch finanziell ertragreich sein konnten, bewies neben Wielands *Teutschem Merkur*, der über die fast vier Jahrzehnte seines Erscheinens (1773–1810) zu einer festen Institution des literarischen Deutschland wurde, insbesondere die 1775 gegründete Jenaer *Allgemeine Literaturzeitung* (*ALZ*). Unter der Ägide des umtriebigen Unternehmers Friedrich Justin Bertuch und des Rhetorikprofessors Christian Gottfried Schütz stieg die *ALZ* zum wichtigsten Rezensionsorgan der Zeit auf, dessen geschmacksbildender Einfluß aufgrund seiner hohen Auflagenzahlen und weit verzweigten Distribution beträchtlich war. Als Schiller Ende August 1787 in Jena die Redaktionsräume der *ALZ* besucht, ist er von der professionellen Organisation des Journals beeindruckt. «An der Zeitung arbeiten gegen 120 Schriftsteller», erläutert er Körner am 29. August. «Schütz und Bertuch stehen sich, durch sie, jeder auf 2500 Thaler, den Mitarbeitern werden 15 Thaler pro Bogen bezahlt. Das Hauß heißt in Jena schlechtweg die Litteratur und ist sehr schön und bequem gebaut. Ich habe mich in dem Bureau herumführen laßen, wo eine ungeheure Quantität Verlagsbücher

nach dem Nahmen der Buchhändler geordnet auf seinen Rich-
terspruch wartet.» (24, 147)

Solche Ausmaße geschäftlichen Erfolgs kann Schiller mit sei-
nem bescheidenen *Thalia*-Projekt nicht annähernd erreichen.
Die eigene Zeitschrift verschafft ihm punktuelle Einnahmen,
ohne aber dauerhafte ökonomische Sicherheiten zu gewähren.
Auch wenn er dank Göschens Unterstützung nicht zu künstleri-
schen Kompromissen genötigt ist, muß er Rücksichten auf den
Publikumsgeschmack nehmen. Insbesondere Schillers erzähleri-
sche Texte sind es, die in der Phase zwischen 1786 und 1789 als
Produkte der Orientierung am literarischen Markt entstehen.
Sowohl sein *Verbrecher aus Infamie* als auch der in mehreren
Folgen veröffentlichte, jedoch Fragment gebliebene *Geisterse-
her*-Roman verdanken ihre Genese dem Bestreben, ein breiteres
Lesepublikum zu erreichen und durch raffinierte Unterhaltung
zu fesseln.

Der Erzähler Schiller ist ein Wegbereiter des modernen Krimi-
nalromans, dessen Spannungselemente dem Arsenal subtiler
psychologischer Entlarvungskunst entstammen. Daß die medizinische Kompetenz das narrative Verfahren steuert, erweist insbesondere der *Verbrecher aus Infamie* – ein Text, der die Lebens-
geschichte des württembergischen Verbrechers Friedrich Schwan
erzählt, wie sie Schiller durch einen Bericht Abels während seines
Mannheim-Besuchs am 13. November 1783 kennengelernt hatte. Die programmatische Vorrede reflektiert das psychologische
Interesse, das die Stoffwahl lenkt, und die poetologische Technik,
die eine moderate Steuerung der Emotionen des Lesepublikums
anstrebt. In einem signifikanten Vergleich, auf den die 1792 unter dem (sinngleichen) Titel *Der Verbrecher aus verlorener Ehre*
gedruckte Zweitausgabe der Erzählung verzichtet, wird ein
direkter Bezug zum Erfahrungswissen der Medizin hergestellt:
«Die Heilkunst und Diätetik, wenn die Aerzte aufrichtig seyn
wollen, haben ihre besten Entdekungen und heilsamen Vor-
schriften vor Kranken- und Sterbe-Betten gesammelt.» (16, 405)
Die «Annalen» menschlicher «Verirrungen» bieten instruktivere
Objekte für die seelenanalytische Betrachtung als die Normal-
biographie, weil hier das ungebremste Spiel der Leidenschaften,

die Gewaltsamkeit der Affekte und die Brutalität der Begierden jenseits moralischer Kontrolle in ungehemmter Form hervortreten (16, 7). Die psychologische Perspektive verlangt jedoch eine genaue Reflexion über die erzählerischen Mittel, die einzusetzen sind, um die medizinische Diagnose zu lancieren: «Entweder der Leser muß warm werden wie der Held, oder der Held wie der Leser erkalten.» (16, 8) Während der Versuch, das Publikum in die erregte Gemütslage der handelnden Figuren zu versetzen, die «republikanische Freiheit» des Lesers unterbindet und sein ruhiges Urteilsvermögen lähmt, leistet das zweite Verfahren die notwendige Aufklärung im Kopf des Rezipienten, weil es auf die Technik der Manipulation verzichtet: «Der Held muß kalt werden wie der Leser, oder, was hier ebensoviel sagt, wir müssen mit ihm bekannt werden, eh' er handelt; wir müssen ihn seine Handlung nicht bloß vollbringen sondern auch wollen sehen.» (16, 8) Die Strategie der distanzierten Darstellung der inneren Geschichte des Helden kannte Schiller aus Friedrich von Blanckenburgs 1774 publiziertem *Versuch über den Roman*, der dem Autor eine analytische Sichtweise empfiehlt, welche Anteilnahme erweckt, ohne ungebremste Emotionen hervorzurufen.

Der *Verbrecher aus Infamie* verknüpft die Erzählung einer Geschichte sozialer Ausgrenzung mit Momenten der Psychopathographie, die den Ursprung krimineller Devianz im Feld affektiver Fehldispositionen lokalisiert. Einerseits ist Christian Wolf – so der sprechende Name des nach Schwans Vorbild modellierten Helden – aufgrund seiner physiognomischen Disposition qua Geburt benachteiligt und damit frühzeitig für einen Lebensweg am Rande der Gesellschaft prädestiniert: «Die Natur hatte seinen Körper verabsäumt. Eine kleine unscheinbare Figur, krauses Haar von einer unangenehmen Schwärze, eine plattgedrückte Nase und eine geschwollene Oberlippe, welche noch überdies durch den Schlag eines Pferdes aus ihrer Richtung gewichen, gab seinem Anblick eine Widrigkeit, welche alle Weiber vor ihm zurückscheuchte und dem Witz seiner Kameraden eine reichliche Nahrung bot.» (16, 10) Neben diese physiognomische Charakteristik, die Schiller – seiner früheren Kritik an der Lehre Lavaters widersprechend – in den Dienst einer sehr einseitigen

Steuerung des Leserurteils stellt, tritt als zweites Bezugsfeld die affektive Anlage des Helden: «Er wollte ertrotzen, was ihm verweigert war; weil er mißfiel, setzte er sich vor zu gefallen. Er war sinnlich und beredete sich, daß er liebe.» (16, 10) Die Serie der Verbrechen, die Wolf verübt, erweist sich als durch defizitäre körperliche und seelische Dispositionen ausgelöstes Kontinuum von Versuchen, die Mängel der Herkunft zu kompensieren. Vom Wilddiebstahl über den Raub bis zum Mord reicht das Spektrum der Taten, deren kriminelle Intensität sich auch deshalb verstärkt, weil Gefängnis- und Festungsstrafen zu einer sozialen Stigmatisierung führen, die Wolf keinen Rückweg in die gesellschaftliche Ordnung mehr gestatten. Nachdem ihm in der Haft «das Zeichen des Galgens auf den Rücken gebrannt» (16, 12) worden ist, weist sein Leib auch äußerlich die Spuren der Ächtung auf, die seiner Seele längst eingeschrieben waren.

Erst am Ende der Erzählung fällt ein versöhnlicheres Licht auf eine Gesellschaft, die keine Gnade kennt. Der Oberamtmann, der den beim Grenzübertritt gefaßten Sonnenwirt verhört, erweist sich als menschlich mitfühlender Vertreter des Staates, dem man zutrauen darf, daß er tatsächlich, wie es Wolf wünscht, in seinen späteren «Bericht eine Träne fallen» läßt (16, 29). Die Entdeckung des Verbrechers bildet den Schlußpunkt der Geschichte – die Beschreibung der Hinrichtung, die Abels 1787 veröffentlichte Version der *Lebens-Geschichte Friedrich Schwans* bietet, unterbleibt hier. Sichtbar wird, daß Schillers Erzählung zwei unterschiedliche Funktionen erfüllt: Als aus authentischen Quellen geschöpfte Schilderung einer Verbrecherbiographie möchte sie, ähnlich wie die kriminologischen Fallstudien in Gottlieb Meißners *Skizzen* (1778–1796), Karl Philipp Moritz' *Magazin zur Erfahrungsseelenkunde* (1783–1793) und Christian Heinrich Spieß' *Biographien der Selbstmörder* (1785), die seelischen Ursprünge devianten Verhaltens illuminieren, um – genuin aufklärerisch – die Menschenkenntnis ihrer Leser zu mehren; als wirkungsorientierte Kriminalerzählung sucht sie wiederum die Neugierde des Publikums zu fesseln, indem sie das Schicksal ihres Helden Zug um Zug entfaltet. Eine vergleichbare Mischung von Seelenanalyse und Detektion bieten später die Erzählungen E. T. A. Hoffmanns; so ist die Novelle *Das Fräulein von Scuderi* (1819) in ihrer Mixtur aus Fallstudie und Kriminal-geschichte deutlich durch Schillers Vorbild inspiriert.

Die Erzählung *Spiel des Schicksals*, die zu Beginn des Jahres 1789 in Wielands *Teutschem Merkur* erscheint, beruht ebenso wie der *Verbrecher aus Infamie* auf einer authentischen Begeben-heit. Sie beschreibt in skizzenhafter Knappheit, kaum chiffriert, die Biographie des Stuttgarter Festungskommandanten Philipp Friedrich Rieger, der, am höchsten Punkt seiner politischen Kar-riere durch Intrigen eines Konkurrenten kaltgestellt, auf Befehl Carl Eugens inhaftiert, unter unmenschlichen Bedingungen ein-gekerkert, viele Jahre später begnadigt und zum obersten Ge-fängnisaufseher auf dem berüchtigten Hohenasperg – wo auch der berühmte Dissident Christian Friedrich Daniel Schubart ein-saß – ernannt wurde. Bedeutsamer als diese mit den Motiven einer nachgerade barock anmutenden Fortuna-Topik operieren-de Erzählung ist das *Geisterseher*-Fragment, das zwischen 1786 und 1789 entstand. Schiller hatte den Text ursprünglich als psychologische Novelle über Scharlatane, okkulte Experimente und politische Intrigen konzipiert. Die Hintergrundkulisse für seinen bunten Stoff bot die zeitgenössische Diskussion über Ge-heimgesellschaften, parareligiöse Sozietäten und okkulte Zirkel, wie sie seit Anfang der 1780er Jahre zumal in der *Berlinischen Monatsschrift* geführt wurde. Nicht zuletzt flossen Schillers eige-ne Erfahrungen mit dem Geheimbund der Illuminaten, einem 1776 von Adam Weishaupt in Ingolstadt begründeten progressi-ven Ableger der Freimaurerbewegung, in die Erzählung ein. Pro-minente Illuminaten – darunter der Freiherr von Knigge und der in Weimar lebende Übersetzer Johann Joachim Christoph Bode – hatten ihn mehrfach als Mitglied zu werben gesucht, waren je-doch an seiner Skepsis gegenüber Formen einer institutionellen Bindung gescheitert. *Der Geisterseher* ist vor diesem Horizont eine zum negativen Bildungsroman ausgeweitete zeitkritische Erzählung, die individuelle Verführbarkeit, politische Intrigen und Manipulationskunst zum Thema hat. Ähnlich wie im *Don Karlos* stellt Schiller hier dem *Ancien régime*, noch ehe ihm 1789 die historische Stunde schlägt, eine vernichtende Diagnose.

Das erste Stück der Erzählung, das zwischen Mai und Oktober 1786 in Dresden entstand, erscheint im vierten *Thalia*-Heft zu Beginn des Jahres 1787. Eine Fortsetzung hatte Schiller zunächst nicht geplant, da er während des Frühjahrs 1787 den Abschluß des *Karlos*-Manuskripts vorantreiben mußte, doch führte der enorme Erfolg, den die Erzählung beim Publikum erzielte, bald zu neuen Entscheidungszwängen. Der erste Teilabdruck schloß mit der Darstellung der vom sizilianischen Magier veranstalteten mysteriösen Totenbeschwörung, über deren Hintergründe die Leserschaft dringend aufgeklärt zu werden wünschte. Unter massivem Druck Göschens, der den *Geisterseher* als Zugpferd für den Verkauf der *Thalia* nutzen wollte, entschloß sich Schiller Anfang März 1788 widerwillig zur Fortsetzung der Erzählung. Erschwert wurde seine Aufgabe dadurch, daß ihm jeder Plan fehlte, da er den Beginn ohne Rücksicht auf einen möglichen zweiten Teil niedergeschrieben hatte. Gegenüber Körner beklagt er am 17. März den «sündlichen» Zeitaufwand, den ihm die «Schmiererei» bereite, findet dann jedoch rasch zurück in den Stoff (25, 30). Anfang Mai 1788 erscheint der Schluß des ersten Teils im fünften Heft der Zeitschrift, das in Weimar für Furore sorgt: «Hier macht die Thalia wieder schrecklich viel Aufsehen; sie circulirt durch alle Häuser, und mir werden gar erstaunlich schöne Sachen darüber gesagt. Soviel ist indessen gewiß, daß ich mir diesen Geschmack des Publicums zu Nutzen machen und soviel Geld davon ziehen werde, als nur immer möglich ist.» (25, 59)

Bis zum März 1789 entsteht der gesamte zweite Teil des Manuskripts einschließlich des ‹philosophischen Gesprächs›, das in der späteren Einzelausgabe das Ende der Erzählung bildet. Der Text erscheint, auf zwei Stücke verteilt, in der sechsten und siebenten *Thalia*-Folge im Frühjahr 1789. Im November publiziert Schiller bei Göschen eine Buchfassung des Fragments, mit der er deutlich signalisiert, daß er an einen Abschluß nicht mehr denkt. Als ihn der Berliner Verleger Unger im Sommer 1800 um eine Fortsetzung bittet, lehnt er die weitere Auseinandersetzung mit dem Projekt entschieden ab. Trotz der enormen Publikumsresonanz bleibt der *Geisterseher* für Schiller ein Werk, das sein «Herz nur flach rühren» kann (25, 140).

Eine Art Gebrauchsanweisung, wie der ins Phantastische ge-
sponnene Roman aufzufassen sei, formuliert der Autor selbst
im Februar 1789 gegenüber den Lengefeld-Schwestern: «Der
Leser des Geistersehers muß gleichsam einen still schweigenden
Vertrag mit dem Verfaßer machen, wodurch der leztere sich an-
heischig macht, seine Imagination wunderbar in Bewegung zu
setzen, der Leser aber wechselseitig verspricht, es in der Deli-
kateße und Wahrheit nicht so genau zu nehmen.» (25, 203) In
der Tat erzählt der Roman eine Geschichte, deren empirische
Evidenz trotz verdeckter Zeitbezüge zweifelhaft sein dürfte. Ihr
Held, ein deutscher Prinz, der in der dynastischen Folge seines
Hauses die dritte Stelle innehat, erlebt in Venedig zur Zeit des
Karnevals gemeinsam mit seinem väterlichen Freund, dem Grafen von O, verwirrende Abenteuer. Er begegnet Hellsehern, die
den – wenig später bestätigten – Tod des Erbprinzen voraussagen, wird Zeuge einer Hinrichtung in den Katakomben der
Staatsinquisition, nimmt an einer magischen Séance teil, die ein
sizilianischer Magier veranstaltet (ein Hinweis auf den Dema-
gogen Cagliostro, der zur selben Zeit durch seine Verwicklung
in die Pariser Halsbandaffaire für Aufsehen sorgt) und sieht sich
an markanten Punkten seiner zumeist abendlichen Wanderun-
gen durch die dunkle Stadt von einem unheimlich wirkenden
Armenier verfolgt, dessen wahre Identität nicht genauer zu er-
mitteln ist. Ähnlich wie im *Fiesko* spielt Schiller in den ein-
drucksvollen Expositionsszenen der Erzählung mit den Effekten
der Maskerade; das vom Karnevalstreiben durchpulste Venedig
wird zur düsteren Kulisse für Dissimulation, Betrug und Intrige.
Einzig der Schein ist hier wahr, allein die Täuschung authen-
tisch. Dabei operiert Schiller jedoch keineswegs mit einem
mehrsinnigen Realitätsbegriff, wie ihn die doppelbödigen Wirk-
lichkeitsinszenierungen romantischer Erzählungen von Novalis
bis zu Arnim und Hoffmann bieten werden. Die Zurüstungen
der Verstellungskunst finden sich vielmehr Zug um Zug entlarvt
und damit einem aufklärerischen Impuls der fortschreitenden
Detektion preisgegeben. Die Tücke der Romankonstruktion
liegt freilich darin, daß gerade diese Aufklärung immer neue
Formen des Betrugs aufdeckt; wie die Schalen einer Frucht wer-

den so unterschiedliche Schichten der Realität zurückgebogen, hinter denen sich das Zentrum einer dicht vernetzten Struktur des Scheins offenbart. Typisch für dieses Muster ist die Decouvrierung der Séance des Sizilianers, die als gezieltes Täuschungsmanöver bloßgestellt wird, jedoch gerade in ihrer auf plumpe Überrumpelung setzenden Inszenierungskunst Teil eines heimtückischen Spiels ist, das auf die Manipulation des Prinzen zielt.

Erst der zweite Teil des Romans offenbart, daß der dubiose Armenier das Mitglied eines Geheimordens – des *Bucentauro* – ist, dessen Absicht darin besteht, den Prinzen zum katholischen Glauben zu führen. Diese Wendung des Geschehens ist auch ein Reflex der Diskussion über die bevorstehende Konversion des württembergischen Erbprinzen Friedrich Heinrich Eugen, der im Sommer 1786 mit einem Beitrag über die empirische Wahrscheinlichkeit von Geisterbeschwörungen in der *Berlinischen Monatsschrift* für Aufsehen gesorgt hatte. Wenn Schiller seinen Prinzen in die Arme des *Bucentauro* treiben läßt, so spielt er damit auf die religiösen Neigungen des Erbprinzen an, dessen Sympathien für das Papsttum im protestantischen Württemberg (das freilich seit Carl Alexander katholische Herzöge kannte) als besonderes Politikum betrachtet wurde.

Neben der virtuos dargebotenen Geheimbunderzählung öffnet der Roman im zweiten Teil den Blick auf die Geschichte einer psychischen Deformation. Die Manipulierbarkeit des Prinzen, so wird sichtbar, hat ihren Ursprung in einer zerrissenen Bildung, die seine schwärmerischen Anlagen verstärkt: «Er las viel, doch ohne Wahl; eine vernachlässigte Erziehung und frühe Kriegsdienste hatten seinen Geist nicht zur Reife kommen lassen. Alle Kenntnisse, die er nachher schöpfte, vermehrten nur die Verwirrung seiner Begriffe, weil sie auf keinen festen Grund gebauet waren.» (16, 46) So gerät der Prinz, weil er durch seinen Verstand nicht hinreichend gefestigt ist, unter den Einfluß des *Bucentauro*, der zunächst seine Lust am Phantastischen steigert, ihn – ähnlich wie den Julius der *Theosophie* – in ein Zwischenstadium des Skeptizismus lockt (von dem das ‹philosophische Gespräch› Zeugnis ablegt), um ihn zum Schluß in den Hafen des katholischen Glaubens zu führen. Gesteuert wird das schwer durchschaubare Spiel der Seelenmanipulation und politischen Demagogie durch den proteisch seine Physiognomie wechselnden Armenier, in dessen «Armen» der Prinz am Ende die Messe hört (16, 159). Daß der Lebensweg des vom *Bucentauro* beherrschten Helden in ein furchtbares Verbrechen mündet, deutet sich bereits im Ausgang des ersten Buchs der Erzählung an, wird jedoch nicht mehr genauer ausgeführt.

Schiller hat den *Geisterseher* stets als Nebenprodukt betrachtet, dem er die künstlerische Vollkommenheit absprach. Ende des Jahres 1795 nennt er den Romancier abfällig einen «Halbbruder» des Dichters (20, 462) und formuliert damit ein ästhetisches Credo, wie es den Gewichtungen seines klassischen Kunstverständnisses entsprach. Seine Pläne, das an antiken Mustern geschulte Epos in Versen wieder zu Ansehen zu bringen, sind jedoch sämtlich gescheitert. Weder die im Oktober 1789 entworfene Idee einer ‹Fridericiade› über den 1786 verstorbenen Preußenkönig, deren Realisierung sich der Freund Körner sehnlich wünschte, noch das Ende November 1791 projektierte Werk über den Schwedenkönig Gustav Adolf nahmen konkrete Formen an. Am 28. November 1791 notiert Schiller: «Von den Requisiten, die den Epischen Dichter machen, glaube ich alle, eine einzige ausgenommen, zu besitzen: Darstellung, Schwung, Fülle, philosophischen Geist und Anordnung. Nur die Kenntniße fehlen mir, die ein homerisirender Dichter nothwendig brauchte, ein lebendiges Ganze seiner Zeit zu umfassen und darzustellen, der allgemeine über alles sich verbreitende Blick des Beobachters.» (26, 113) Daß die epischen Vorhaben sämtlich scheitern, verrät letzthin, wie stark Schiller trotz seiner Bewunderung für die antiken Formen am Gebot der Modernität ausgerichtet blieb. Sollte der Weg zur «Classicität» (25, 225) beschritten werden, so verlangte das den Akt der produktiven Verschmelzung des Alten mit dem Neuen jenseits einer – faktisch unmöglichen – Restitution vergangener Kulturformen. Über die Differenz, die das antike Griechenland von der Gegenwart trennt, heißt es 1795 in der Studie *Ueber naive und sentimentalische Dichtung* mit illusionsloser Klarheit: «Sie empfanden natürlich; wir empfinden das natürliche. Es war ohne Zweifel ein ganz anderes Gefühl, was Ho-

mers Seele füllte, als er seinen göttlichen Sauhirt den Ulysses be-
wirthen ließ, als was die Seele des jungen Werthers bewegte, da
er nach einer lästigen Gesellschaft diesen Gesang las. Unser Gefühl für die Natur gleicht der Empfindung des Kranken für die
Gesundheit.» (20, 431)

VII Zwischen Konstruktion und Empirie.
Die historischen Studien

Der Historiker Schiller ist der sprachmächtige Chronist und
Analytiker der großen Konflikte des konfessionalistischen Zeitalters – dem aufgeklärten Gedanken einer Fortschritts- und Zi-
vilisationsgeschichte verpflichtet, zugleich aber schon ein wir-
kungsbewußter Erzähler, der die Porträtkunst des Historismus
des 19. Jahrhunderts vorwegnimmt. Schillers historiographi-
sche Arbeit beschränkt sich auf kaum zehn Jahre (1786–1795);
legt man ihre eigentlich produktive Phase zugrunde, so ergibt
sich ein noch knapperer Zeitrahmen: 1787–1792. In diesen fünf
Jahren entstanden die beiden umfassenden Monographien über
die *Geschichte des Abfalls der vereinigten Niederlande von der
Spanischen Regierung* und die *Geschichte des Dreyßigjährigen
Kriegs*, mehrere kulturgeschichtliche Essays, die ausführlichen
universalhistorischen Einleitungen zur *Allgemeinen Sammlung
historischer Memoires* und sechs Vorlesungen, deren Themen-
spektrum sich von der Frühantike bis zur europäischen Staaten-
geschichte der Neuzeit erstreckt. Allein unter quantitativen Gesichtspunkten bedeutet das eine staunenswerte wissenschaftliche und schriftstellerische Leistung, die Schiller freilich nur
auf Kosten des Raubbaus an seinem nicht sehr widerstandsfähi-
gen Körper erbringen konnte. Es ist kein Zufall, daß die akademische Vorlesungstätigkeit in Jena durch den Ausbruch der
lebensbedrohenden Krankheit im Januar 1791 beendet wird;
die schwere Lungenentzündung des Winters mit ihren zuneh-
mend chronischen Spätfolgen, die sich bereits in den großen

Fieberschüben vom Mai 1791 andeuteten, bildet das Resultat einer geradezu selbstzerstörerischen Arbeitswut.

Schillers Wechsel ins historische Fach hat unterschiedliche Gründe, die er dem skeptischen Freund Körner in mehreren Briefen zu Beginn des Jahres 1788 erläutert. Da ist zunächst die Sorge, sich auf dem literarischen Feld ohne neue stoffliche Anregungen, wie sie das Geschichtsstudium vermittelt, «auszuschreiben» (25, 6), zum anderen die Erwartung, als Historiker eine gesellschaftliche Reputation zu erlangen, die ihm als Dramatiker bisher nicht zuteil wurde (hier mag er auch daran gedacht haben, daß ihm durch die Flucht aus Württemberg im September 1782 eine glänzende akademische Karriere entgangen war). Vor allem aber hofft Schiller, die geschichtswissenschaftliche Arbeit werde ihm jene höheren Buchhonorare einbringen, auf die er als freier Autor mit unsicheren Zukunftsaussichten dringend angewiesen bleibt: «Ich muß von der Schriftstellerei leben, also auf das sehen, was einträgt.» (25, 5) Berücksichtigt man diese Erwartungshaltung, so läßt sich festhalten, daß Schillers Intermezzo als Historiker außerordentlich erfolgreich war. Bereits die Studie über die niederländische Rebellion verschafft ihm die Wertschätzung des gelehrten Publikums; in den Berliner Aufklärungszirkeln um Biester und Gedike diskutiert man sie ebenso wie in den Salons von Weimar und Leipzig oder an der Universität Göttingen, dem Zentrum der zeitgenössischen Geschichtsforschung. Als unmittelbare Konsequenz der öffentlichen Anerkennung winkt nun auch ein Amt; in seiner Rolle als Minister des weimarischen Hofes ebnet Goethe Ende 1788 den Weg zur außerordentlichen Professur in Jena (für das Fach Philosophie, jedoch mit einem durch das – nicht mehr erhaltene – Reskript des Weimarer *Geheimen Consiliums* vom 15. Dezember 1788 festgelegten Schwerpunkt im Bereich historischer Vorlesungen).

Als Zentrum des Kantianismus gehört die Universität Jena, an der Ende der 1780er Jahre 860 Studenten immatrikuliert sind, zu den intellektuell anregendsten Hochschulen Deutschlands. Schiller gewinnt hier aufgeklärte Gesprächspartner wie den Theologen Jakob Friedrich Griesbach, den Philosophen Karl Leonhard Reinhold, den Orientalisten Heinrich Eberhard Gottlob Paulus und den gebildeten Mediziner Johann Benjamin Erhard, die ihn, jenseits akademischer Gesellschaftsroutine, geistig fördern und inspirieren. Komplettiert wird die universitäre Karriere durch die Zuerkennung des Hofrat-Titels, den der Herzog von Meiningen ihm Anfang Januar 1790 verleiht, und die Gewährung einer jährlichen Pension mit zunächst 200, später 400 Talern Gehalt durch Carl August. Seit dem März 1789 bewohnt Schiller bei den Schwestern Schramm in der Jenergasse 26 drei gediegen möblierte Zimmer, zu deren Einrichtung mehrere Sofas, ein eleganter Spieltisch, eine große Schreibkommode und mehrere komfortable Sessel gehören. Anders als in Weimar, wo ihm nur ein bescheidenes Logis zur Verfügung stand, kann er jetzt ein geselliges Haus führen. Vor allem in den ersten zwölf Monaten nach seiner Heirat im Februar 1790 pflegt er trotz seines zwölfstündigen Arbeitstages rege soziale Kontakte; die Mittagsmahlzeiten werden gemeinsam mit Studenten eingenommen, abends diskutiert man in kleineren Zirkeln beim Wein Fragen der Politik und Philosophie. Ähnlich wie in Weimar besucht Schiller regelmäßig Bälle, bei denen er jedoch, sofern ihn die Ehefrau nicht zum Tanzen nötigt, zumeist seine «Zuflucht zum Spielen» nimmt (bevorzugt wird *L'hombre*, bisweilen auch das *Pharao* [25, 262]).

Den äußeren Erfolgsdaten des Jenaer Professors steht eine wissenschaftliche Leistungsbilanz im Zeichen des Fragmentarischen entgegen. Unter den zahlreichen historiographischen Vorhaben dieser Jahre wird lediglich die *Geschichte des Dreyßigjährigen Kriegs* abgeschlossen; die *Geschichte der merkwürdigsten Rebellionen und Verschwörungen aus den mittlern und neuern Zeiten* bleibt dagegen ebenso Bruchstück wie die Abhandlung über die niederländische Verschwörung und die großräumig angelegte *Allgemeine Sammlung Historischer Memoires*, deren erste Abteilung lediglich vier Bände erreicht (die Planung der zweiten Abteilung übergibt Schiller 1793 dem Jenaer Amtskollegen Paulus). Seine Vorlesungstätigkeit läßt er nach vier Semestern ab dem Sommer 1791 dauerhaft ruhen; zwar kündigt er im Verzeichnis der Universität bis zum Wintersemester 1799/1800 regelmäßig Veranstaltungen an, jedoch dient das allein der formellen Sicherung seiner Lehrbefugnis: den

Hörsaal hat er nach 1791 niemals wieder betreten. Nicht nur die Krankheit, sondern auch das Unbehagen an den Alltagspflichten der akademischen Lehre ist für die Abwanderung aus dem Universitätsbetrieb verantwortlich (zeitgenössische Berichte äußern sich kritisch über Schillers Vorlesungstalent: seine von starker schwäbischer Dialektfärbung beherrschte Stimme habe unangenehm schrill geklungen, seine Rede sei von zuweilen outriertem Pathos durchdrungen worden). So bleiben Projektruinen, Bruchstücke und unerfüllte Versprechen zurück, als sich Schiller 1792 von der Geschichtsschreibung verabschiedet. Die wissenschaftliche Leistung des Anregers und Autors aber, die er in nur wenigen Jahren vollbracht hat, ist von dieser Bilanz unberührt; sie dokumentiert ein Werk mit eigener Handschrift, das literarische Eleganz und theoretischen Konstruktionswillen, Erzählkraft und analytischen Scharfsinn verbindet.

Schon der Karlsschüler Schiller zeigt Interesse am historischen Fach. Im Unterricht des Altphilologen Friedrich Ferdinand Drück lernt er Plutarchs Parallelbiographien kennen, die ihn außerordentlich fesseln; seine Vorliebe für die *Vitae parallelae* vererbt er seinem Dramenhelden Karl Moor, der unter dem Eindruck der Plutarch-Lektüre zu seiner Generalkritik am «Tintengleksenden Sekulum» ausholen darf (3, 20). Noch im Herbst 1790 plant Schiller die Edition eines «deutschen Plutarch», wie er Körner verrät (26, 59). Im vorletzten Akademiejahr (1779) liest er Ludwig August Schlözers *Vorstellung seiner Universal-Historie* (1772/73) und, auf Anregung Abels, Herders Programmschrift *Auch eine Philosophie der Geschichte zur Bildung der Menschheit* (1774). Diese Texte repräsentieren zwei unterschiedliche methodische Tendenzen, denen Schillers Geschichtstudien gleichermaßen folgen werden: das universalhistorische Systemdenken, das Geschichte als Ordnungsgeflecht im Rahmen einer teleologischen Struktur zu konstruieren sucht, und die geschichtsphilosophisch-kulturtheoretische Reflexionsform, die den historischen Prozeß innerhalb einer spezifischen Dynamik zivilisationsgebundener Selbstbestimmungsakte des Menschengeschlechts erfassen möchte. Ein dritter Bereich, der sich aus der Technik des Dramatikers ableiten läßt, tritt dann hinzu: das psychologische Interesse des historiographischen Porträtisten, der politisch handelnde Individuen in Extremsituationen an den Nervenpunkten geschichtlicher Umbrüche und sozialer Erosionen vorführt, um ihre Psyche, ähnlich wie es der Autor der *Räuber* avisiert, «bei ihren geheimsten Operationen zu ertappen» (3, 5).

Schillers Geschichtsschriften behandeln bevorzugt Übergangsperioden, in denen politische Ordnungssysteme zerfallen und neue Machtkonstellationen zutage treten. Es ist charakteristisch, daß das gemeinsam mit Huber ersonnene Projekt einer zweibändigen Darstellung der *Geschichte der merkwürdigsten Rebellionen und Verschwörungen*, aus dem dann die Abhandlung zur niederländischen Geschichte hervorgehen wird, am Beginn seines historiographischen Jahrzehnts steht. Schillers Interesse gilt der Anatomie politischen Handelns, wie sie insbesondere in Schwellensituationen und Umbruchphasen sichtbar wird; Revolte und Krieg, Volkserhebung und Aufstand, Usurpation und Umsturz repräsentieren für ihn Musterfälle, an denen er seine psychologisch geschulte Beobachtungskunst erproben darf. Nicht zuletzt demonstrieren sie dem aufgeklärten Historiker, unter welchen Gesetzen die Verlaufslogik der Geschichte steht und inwiefern selbst die Störung ihrer Ordnung einem höheren – vernünftigen – Zweck gehorchen kann.

Der Wechsel ins historische Fach bedeutete für Schiller auch, daß er ihm bisher fremde Arbeitstechniken zu erlernen hatte. Insbesondere während der in Weimar (1787–88) betriebenen Auseinandersetzung mit der Geschichte der niederländischen Rebellion gegen die spanischen Machthaber unterzog er sich den Mühen des vergleichenden Quellenstudiums, das zu diesem Zeitpunkt keineswegs zum methodischen Standard der akademischen Geschichtswissenschaft gehörte. In der Vorrede der Schrift heißt es: «Meine Absicht bei diesem Versuche ist mehr als erreicht, wenn er *einen* Theil des lesenden Publikums von der Möglichkeit überführt, daß eine Geschichte historisch treu geschrieben seyn kann, ohne darum eine Geduldprobe für den Leser zu seyn, und wenn er einem andern das Geständnis abgewinnt, daß die Geschichte von einer verwandten Kunst etwas borgen kann,

ohne deswegen nothwendig zum Roman zu werden.» (17, 9)
Der Anspruch auf eine formale Balance von wissenschaftlichem
Anspruch und erzählerischer Darstellungsleistung bestimmt
Schillers Geschichtsabhandlungen durchgängig. In ihrer methodischen Generallinie bleiben sie einer universalhistorischen Perspektive verpflichtet, wie sie die Jenaer Antrittsvorlesung vom
26./27. Mai 1789 als Arbeitsprogramm vorgibt. Das Untersu-
chungsprinzip der Universalgeschichte hatten Voltaires *Essai sur
les mœurs et l'esprit des nations* (1748–56), die Schriften der Göttinger Historiker Schlözer und Gatterer, und nicht zuletzt Ed-
ward Gibbons monumentale *History of the Decline and Fall of
the Roman Empire* (1776–88) auf eine für das Fach rasch verbindliche Weise vor Augen geführt. Schiller übernimmt den Kon-
struktionsgedanken der Universalhistoriker, wenn er Geschichte
als System begreift, das den Gesetzmäßigkeiten der Vernunft ge-
horcht und damit die innere Konsequenz kulturellen Fortschritts
widerspiegelt. Leitend für das im Antrittskolleg umrissene Verfahren, das die (aus dem Umfeld der Jenaer Vorlesung des Som-
mersemesters 1789 stammenden) kulturhistorischen Essays in
der *Thalia* 1790 exemplarisch ausführen, bleibt Kants Aufsatz
*Idee zu einer allgemeinen Geschichte in weltbürgerlicher Ab-
sicht*, den Schiller Ende August 1787 auf Empfehlung von Wielands Schwager Karl Leonhard Reinhold liest (es ist der erste Text
des Königsberger Philosophen, den er genauer studiert). Kant be-
schrieb das Wechselspiel aus mikrostrukturellem Zufall und ma-
krostruktureller Ordnung als Grundgesetz der Geschichte; zwar
sei die Menschheit aus «krummem Holze» geschnitzt, ihre Geschichte aus Chaos geboren, die Natur ‹zwecklos spielend›, doch
enthülle sich der (re)konstruierenden Gesamtschau des Historikers letzthin ein Gefüge von vernünftig-teleologischem Aufbau,
welches den historischen Prozeß nicht als «planloses Aggregat»,
sondern als «System» ausweise. Geschichtsschreibung bedeutet
Arbeit an der Kontingenz: Verknüpfung des versprengt Zufäl-
ligen zur einheitlichen Ordnungsstruktur, die den «Roman» der
Vernunft am Ende als ideengeleitetes Konstrukt aus der Masse
chaotischer Details hervortreten läßt.

Kants Metaphorik demonstriert, daß die Vernunftgeschichte

eine groß angelegte Erzählung über die Daten der Menschheits-
geschichte und deren inneren Zusammenhang darstellt. Die nar-
rativen Anteile, die Schillers Geschichtsschriften bestimmen, besitzen vor diesem Hintergrund methodischen Charakter. Erst die
erzählerische Konstruktion des Materials, die Quellenlücken
schließt und Zufällig-Ungeordnetes verfugt, macht die Vernunft-
logik einer als Fortschrittsgeschichte verstandenen Historie für
den Leser einsichtig. Die organisierte Balance von Faktenwissen
und Spekulation, die der Kopf des Geschichtsschreibers herzu-
stellen hat, bildet das Modell für den Ordnungswillen, mit dem
er seinen Stoff zu gliedern hat: «Er nimmt also diese Harmonie
aus sich selbst heraus, und verpflanzt sie ausser sich in die Ordnung der Dinge d. i. er bringt einen vernünftigen Zweck in den
Gang der Welt, und ein teleologisches Prinzip in die *Weltgeschichte.*» (17, 374) Den Ausgangspunkt für die Beobachtungskunst des Historikers bildet die Gestaltung eines konstruktiven
Rahmens, innerhalb dessen die Fakten so arrangiert werden
müssen, daß ihr innerer Zusammenhang als Widerschein eines
höheren Vernunftgesetzes hervortritt. Ein wesentlicher Indikator bei der Auswahl des Materials bleibt die Funktion, die es im
Zuge der Entwicklung des historischen Prozesses erfüllt. Die teleologische Verlaufsform der Geschichte wird freigelegt durch
den Nachweis der genealogischen Bedeutung, welche vergange-
ne Ereignisse in ihrer historiographisch gebrochenen, mithin re-
duzierten Komplexität für aktuelle Konstellationen besitzen.
Dabei impliziert die Annahme einer teleologischen Ordnung bei
Schiller jedoch niemals einen mechanischen Fortschrittsopti-
mismus, sondern besitzt approximativen Charakter. Das Ideal-
ziel der Geschichte stellt einen Näherungswert dar, den der Historiker durch eine reflektierende, rhetorisch spannungsvolle
Argumentationskultur beleuchten soll, so daß seine theoretische
Möglichkeit jenseits realer Verhältnisse sichtbar werden kann.

Je weiter Schillers Arbeit fortschreitet, desto deutlicher scheint
er sich aber von dem in der Antrittsvorlesung formulierten Anspruch auf eine finalistische Ordnung des Materials zu entfer-
nen. Bereits die Geschichte der niederländischen Rebellion sperr-
te sich gegen eine allzu klare teleologische Basiskonstruktion,

weil ihre Stationen sich keiner eindeutigen Prozeßlogik unter-
werfen ließen; bezeichnenderweise gelangte die Darstellung über
die Schilderung der Vorgeschichte der Erhebung nicht hinaus.
Vom universalhistorischen Zielprogramm, das nur in den knappen wirtschafts- und konfessionsgeschichtlichen Abschnitten
des Buchs umgesetzt wird, lösen sich die im Fluß der Darstellung
wie gemeißelt stehenden Figurenschilderungen merklich ab. Der
Blick auf die dunkel-ambivalenten Züge des handelnden Individuums schließt hier die konsequente Durchführung des universalhistorischen Methodenpensums aus und setzt fast folgerichtig
die Tendenz zur Detailbeobachtung frei, die den systematischen
Anspruch durchkreuzt oder zumindest in Frage stellt. Die Porträts Karls V., Philipps II., Egmonts, Oraniens, Albas, Margare-
tes von Parma und des Kardinal Granvella dürften sich dem Leser weitaus stärker einprägen als die geographischen, staats-
geschichtlichen und wirtschaftshistorischen Informationen, die
Schiller bietet. Auch die Abhandlung über die *Geschichte des
Dreyßigjährigen Kriegs* weist durch die Technik der Spannungs-
führung, die dramatische Inszenierung und die – jetzt raffiniert
aufgefächerte – Porträtkunst eine erzählerische Dimension auf,
die den systematischen Interessen des Autors – anders als von der
Antrittsvorlesung umrissen – praktisch entgegenwirkt. Es ist bezeichnend, daß Schiller zur selben Zeit über geeignete Stoffe für
ein historisches Epos nachsinnt, das die hier gezeigten Talente
weiter entfaltet hätte. Die Geschichtsschreibung verbündet sich
mit der Erzählkunst, die in den vielfarbig leuchtenden Charakte-
ristiken Wallensteins und des Schwedenkönigs auf der Höhe ihrer Möglichkeiten operiert.

Die *Geschichte des Dreyßigjährigen Kriegs* schließt mit einem
hoffnungsvollen Ausblick auf die Folgen des großen Friedens-
vertrags von Münster und Osnabrück – «dieses mühsame, theu-
re und dauernde Werk der Staatskunst» (18, 384) –, der in der
Tat bis zum Ende des 18. Jahrhunderts seine sicherheitspoliti-
sche Bedeutung für Europa unter Beweis stellen sollte. Dennoch
läßt sich kaum ignorieren, daß der Historiker Schiller in seinen
letzten Arbeiten von zunehmender Skepsis bestimmt wird. Deutlich tritt sie zumal in der *Geschichte der französischen Unruhen*

(1791–93) hervor, die als universalhistorische Übersicht die ersten Bände der zweiten Abteilung der *Allgemeinen Sammlung
Historischer Memoires* einleitet. «Argwohn und Erbitterung»
(19, 87) bestimmen im Schatten des Konfessionskonflikts das
Handeln sämtlicher Akteure auf so durchgreifende Weise, daß
eine einvernehmliche Lösung undenkbar scheint. Es ist fraglos
auch die wachsende Desillusionierung angesichts der Französischen Revolution, die das skeptische Urteil hier beherrscht. Die
Chronologie der politischen Unruhen im Vorfeld der Bartholo-
mäusnacht vom August 1572 offenbart Berührungspunkte mit
der aktuellen Situation nach 1789. In beiden Fällen ist es ein tief
wurzelndes Mißtrauen, mit dem sich die Akteure in unversöhn-
lichem Haß begegnen; so spiegelt die politische Konfrontation
die Unfähigkeit der Handelnden, auf friedlich-gewaltfreie Weise
einen Ausgleich ihrer Interessen herbeizuführen. Der Blick des
Historikers Schiller erschließt hinter dem politischen Versagen
der Protagonisten eine anthropologische Ursache, die im Verlauf
des Jahres 1793 auch für die Französische Revolution geltend
gemacht wird. Wenn die Pariser Revolte zunächst in die Anar-
chie der Straße, später in den Staatsterror umschlägt, so enthüllt
das laut Schiller die Mängel einer einseitig verstandenen ‹theoretischen› Aufklärung, die das Individuum zur geistigen Autonomie, nicht aber zur Entspannung der es beherrschenden Kräfte-
oppositionen angeleitet habe. Die Einsicht, daß die Herrschafts-
form des Absolutismus nur überwunden werden kann, wenn
man die Menschen zu Bürgern im Geist umfassenden Freiheits-
bewußtseins erzieht, veranlaßt Schillers intellektuelle Neuorien-
tierung im Jahr 1792: den Weg zu Kant und zu den kunstphilosophischen Studien.

Der Wende zur Ästhetik wird einige Jahre später, ab 1796, die
Rückkehr auf das Feld der Geschichte folgen. Dann ist es wieder,
wie bereits in der Periode des *Don Karlos*, der Dramatiker, der
sich der Historie bedient, um an ihren Stoffen die modellhaften
Grundmuster für das politische Handeln des Menschen zu demonstrieren. Stärker als in den Geschichtsschriften rücken jetzt
Introspektion und psychologische Zergliederung ins Zentrum
des Charakterisierungsverfahrens. Die Differenzen, die dabei

sichtbar werden, ergeben sich aus dem Wechsel der Gattung: Daß der Dramatiker einen humaneren Wallenstein vorführt als der Historiker, ist nicht die Folge eines gravierenden Meinungswandels, sondern das Resultat voneinander abweichender Darstellungsformen, wie sie durch den diskursiven Gegensatz zwischen dramatischer Figurenpsychologie und historiographischem Erzählen begründet werden. Das Medium der Tragödie bietet andere Möglichkeiten der psychologischen Beobachtungskunst als die narrative Schilderung des Geschichtsschreibers, der, von systematischen Zwängen belastet, sein analytisches Interesse nicht allein auf die handelnden Personen konzentrieren darf. Während der aufgeklärte Historiker neben der Charakteristik der Akteure auch den ‹Roman› der Vernunftgeschichte zu präsentieren hat, kann der Dramatiker bei der Ambivalenz seiner Helden und ihren psychischen Verstrickungen verweilen; erst der Blick in die Abgründe der Seele enthüllt hier die Geheimnisse der Politik.

Der Historismus des 19. Jahrhunderts hat Schillers Geschichtsschriften mit kritischen (Fehl-) Urteilen überzogen, von denen sich erst die neuere Forschung lösen konnte. Die am methodischen Ideal der exakten Quellenprüfung ausgerichteten Arbeiten eines Niebuhr, Mommsen oder Droysen setzten Maßstäbe, mit denen Schillers Studien nicht zu erfassen waren. Daß sein Verständnis der ägyptischen Mysterien durch die altertumswissenschaftlichen Erkenntnisse des 19. Jahrhunderts überholt, sein Mittelalterbild anachronistisch, seine Einschätzung des Konfessionalismus einseitig antikatholisch, seine wirtschafts- und sozialgeschichtliche Kenntnis lückenhaft war, läßt sich kaum bestreiten. Aber solche Argumente geben nicht das Niveau vor, auf dem über Schiller als Historiker zu diskutieren ist. Seine durchaus originelle Leistung liegt in der methodischen Vermittlung von systematischen (konstruierenden) und analytischen (vergleichenden) Verfahren der historiographischen Erkenntnis. Seine Schriften errichten Brücken zwischen Geschichte und Erzählung, Konstruktivismus und Quellenforschung, Struktur- und Personengeschichte. Wer genau liest, erkennt in Schiller einen Vorläufer des Historismus, dessen Erzählkunst sich durch stilistische Brillanz und die weit ausgreifenden Ent-

würfe der architektonischen Bogenführung deutlich von den
monotonen Abhandlungen zeitgenössischer Universalhistoriker
abhob. Als Geschichtsschreiber ist er, was ihn auch im Bereich
der Ästhetik kennzeichnet: ein methodisch emanzipierter, gerade daher unorthodoxer Aufklärer.

VIII Im Morgenland des Schönen.
Schriften zur Ästhetik

Die klassische Kunstphilosophie Schillers ist das Produkt seiner
Auseinandersetzung mit den Hauptschriften Kants, die er, nach
anfänglicher Reserve, in der akuten Phase der Krankheit während des Spätwinters 1791 zu studieren beginnt. Vor allem die
Kritik der Urteilskraft ist es, die ihn herausfordert, eine eigene
Theorie des Schönen zu entwerfen. Ihren methodischen Rechts-
grund bildet die Vorstellung, daß die ästhetische Erfahrung nicht,
wie bei Kant, über die nur subjektiv bestimmbaren Formen des
Geschmacksurteils (und damit abweichend von den Strukturen
des teleologischen Urteils), sondern objektiv zu beschreiben und
zu erfassen sei. Am Beginn der produktiven Auseinandersetzung
mit Kant stehen in den Jahren 1791 und 1792 die Studien über
das Pathetische und das Erhabene, in denen sich Schiller auf theo-
retischem Wege der Möglichkeiten der tragischen Kunst ver-
sichert; ihnen folgen zwischen 1792 und 1795 die nicht mehr im
engeren Sinne an die Geltungsbereiche der Literatur gebundenen
Versuche über das allgemeine Wesen des Schönen, wie sie in den
Kallias-Briefen des Winters 1792/93, dem rasch entstandenen
Essay *Ueber Anmuth und Würde* (1793), der ersten Fassung
der dem dänischen Mäzen gewidmeten Augustenburger-Briefe
(1793), schließlich in ihrer auf 27 Briefe erweiterten *Horen*-Ver-
sion von 1795 entfaltet werden. Am Ende steht der große Essay
Ueber naive und sentimentalische Dichtung, der, Anfang Januar
1796 abgeschlossen, zur Literatur – als Gegenstand wie als prak-
tisches Erprobungsfeld – zurückführt.

Die Abhandlung *Ueber das Pathetische* (1793), das Herzstück der klassischen Dramenästhetik Schillers, bestimmt der tragischen Kunst zum Endzweck die sinnliche Darstellung der moralischen «Independenz von Naturgesetzen im Zustand des Affekts» (20, 196). Das besagt, daß die Tragödie dem Zuschauer die Möglichkeit eines moralisch gegründeten «Widerstandes gegen das Leiden» vorzuführen habe, wobei dieses Leiden (das aristotelische ‹Pathos›) durch physische und psychische Zwangslagen (Heteronomie) gleichermaßen entstehen kann (20, 199). Zwei Formen kennt Schiller, in denen derartiger Widerstand sich zu äußern vermag: passiv durch die ‹Fassung›, die es der sinnlichen Natur des Schmerzes verwehrt, Einfluß auf die Freiheit des Geistes zu nehmen, und aktiv durch die Fähigkeit, sie über die Mächte des Intelligiblen zu beherrschen und damit zu bezwingen (20, 211). Die zweite Kategorie, die für die Tragödie bedeutsamer ist, weil sie Tätigkeit ermöglicht und damit das Interesse des Publikums fesselt, zerfällt wiederum in zwei Varianten. Der erste Fall stützt sich auf einen Protagonisten, der aus unbedingter Pflichterfüllung ins Leiden gerät; er wird idealiter vom Typus des Märtyrers zur Geltung gebracht, den Schiller allerdings wenig schätzt, da er zwar Bewunderung erregt, aber das Gemüt des Zuschauers nicht berührt. «Eine reine Intelligenz», so formuliert bereits der Essay *Ueber die tragische Kunst* (1792), «kann nicht leiden, und ein menschliches Subjekt, das sich dieser reinen Intelligenz in ungewöhnlichem Grade nähert, kann, weil es in seiner sittlichen Natur einen zu schnellen Schutz gegen die Leiden einer schwachen Sinnlichkeit findet, nie einen großen Grad von Pathos wecken.» (20, 168) Wirkungsvoller ist dagegen der zweite Fall, in dem der prinzipiell pflichtbewußte Held aus momentaner (singulärer) Pflichtvergessenheit ins Unglück gerät und dieses doppelt – physisch wie geistig – büßt (20, 212).

Das zentrale Konstruktionselement der Schillerschen Tragödienlehre – die ästhetische Inszenierung des individuellen Widerstands gegen externe Zwangslagen als Signum moralischer Unabhängigkeit – verweist auf das Modell einer inneren Freiheit, die als Möglichkeit der Autonomie des Menschen gerade in krisenhaften Konstellationen besonders eindrucksvoll unter Beweis gestellt zu werden vermag. Nicht die Wirklichkeit des erfüllten Sittengesetzes, die Kant an die absolute Selbständigkeit des Willens jenseits subjektiver Bestrebungen zurückband, sondern die Option auf freiheitliches Handeln steht im Zentrum der für Schillers Tragödientheorie bestimmenden Anthropologie (20, 218). Das Erhabene ist die Erprobung individueller Freiheit unter den Bedingungen der Heteronomie: Freiheit als Chance des Menschen, auch (und gerade) in finsteren Zeiten Unabhängigkeit (‹Independenz›) von den grausamen Notzwängen der Natur zu gewinnen. Schillers erhabener Held soll seine Größe in durch ihn selbst ausgelösten Schwellen- und Gefahrensituationen demonstrieren, die seine seelische und körperliche Integrität bedrohen.

Daß Schiller, dezidiert gegen Kant, die sinnliche Erfahrung nicht aus dem Bereich der moralischen Handlungsethik ausschließen möchte, zeigt der Aufsatz *Ueber Anmuth und Würde*, der im Frühsommer 1793 entstand. Anmut ist für Schiller – in Modifikation einzelner Bestimmungen aus Henry Homes *Elements of Criticism* (1762) – das Zeichen jener Freiheit der Seele, die sich im Reich der Natur durch die Sprache des menschlichen Körpers zum Ausdruck bringt (20, 255). Der Aufsatz betrachtet die Kategorie der Anmut jedoch weniger unter dem Aspekt des physischen Ausdrucks, vielmehr als Medium, mit dessen Hilfe er sein Ideal selbstbestimmter Moralität umreißen kann. Gegen den mönchischen Zwang des kategorischen Imperativs, den Kant in der *Kritik der praktischen Vernunft* (1788) als Prinzip sittlichen Tuns formuliert hatte, setzt Schiller eine entspannte Form moralischer Freiheit, die er im anmutig wirkenden Leib und in der ‹schönen Seele› gleichermaßen gespiegelt findet. Moralisches Handeln entspringt niemals einem Diktat der rationalen Zwecke, sondern muß durch das Moment des Genusses am Guten begleitet werden; weil die geistige Natur des Menschen im Gleichklang mit seiner sinnlichen Erfahrungswelt zu stehen hat, soll sein Tun sittlich sein (ein Denkmotiv, das auf Schillers Prägung durch die in Abels Akademieunterricht ausführlich diskutierte Moral-Sense-Philosophie Francis Hutchesons zurückdeutet). «In einer schönen Seele ist es also, wo Sinnlichkeit und Vernunft, Pflicht und Neigung harmoniren (...)» (20, 288).

Die Komplementärkategorie der Anmut bildet die Würde, was wiederum auf die dualistische Konstruktion des Essays verweist, in der Schiller seine auch in den tragödientheoretischen Arbeiten sichtbare Vorliebe für balancierte Gegensätze zur Schau stellt. Würde, ließe sich verknappt zuammenfassen, ist die auch unter Zwang behauptete Anmut. In Situationen der Heteronomie, da die Natur die Freiheit des Gemüts bedroht, muß die Vernunft ihre unbedingte – also situationsunabhängige – Geltung befestigen und den Trieb, den sie niemals dauerhaft besiegen kann, zumindest zu «entwaffnen» suchen (20, 293). «Beherrschung der Triebe durch die moralische Kraft ist Geistesfreiheit, und Würde heißt ihr Ausdruck in der Erscheinung.» (20, 294) Würdig auch unter «physischen Bedingungen» zu handeln, die der «Gesetzgebung der Vernunft» (20, 289, 291) zuwiderlaufen, bezeugt eine Haltung, die einem ähnlichen Geisteshaushalt wie das Moment des Erhabenen entspringt. Während Anmut die organische Balance zwischen Pflicht und Neigung darstellt, repräsentiert Würde die Fähigkeit zum Ertragen der Differenz, die beide trennt; Anmut erscheint als entspannter, Würde als ausgehaltener Widerspruch von Natur und Vernunft.

Im Gedicht *Macht des Weibes* formuliert Schiller 1796: «Kraft erwart' ich vom Mann, des Gesetzes Würde behaupt' er, | Aber durch Anmuth allein herrschet und herrsche das Weib.» (1, 286) Im Gegensatz zu dieser stereotypen Zuordnung löst sich die Argumentation im drei Jahre älteren *Thalia*-Essay tendenziell von einer statischen Geschlechtertypologie. Im Idealfall sollen Anmut *und* Würde, einander ergänzend, in einer einzigen Person vereinigt sein, weil sie ihre spezifischen Funktionen in jeweils unterschiedlichen Ereigniszusammenhängen versehen (20, 300); die Anmut entfaltet sich unter den Bedingungen der Freiheit, die Würde dagegen unter dem Einfluß heteronomer (identitätsgefährdender) Faktoren, die für das Individuum jene Notlagen erzeugen, wie sie auch die Tragödie darzustellen pflegt. Schillers Bemerkung, daß Anmut «mehr im Betragen», Würde jedoch «im Leiden» (20, 297) verlangt werde, bekräftigt die Auffassung, daß eine übergreifende, auf Komplementarität gegründete Einheit beider Kategorien existiere. Die ideale Tragödienfigur, gleichgültig welchen Geschlechts, verbindet folglich Anmut und Würde; im einen zeigt sie ihre schöne Seele, im anderen ihre moralische Freiheit gegenüber äußerem Zwang. Die hier aufscheinende methodische Perspektive markiert wiederum eine für Schillers Denken typische Verdoppelung des Naturbegriffs *in bonam et malam partem*: Freiheit und Trieb, Autonomie und Zwang sind in ihm gleichermaßen verankert.

Die nach 1792 entstandenen ästhetischen Studien bilden nicht nur das Zeugnis einer theoretischen Auseinandersetzung mit der Philosophie Kants, sondern zugleich Zeichen der Reaktion auf die Revolution in Frankreich. Die Pariser Staatsumwälzung hat Schiller zunächst, wie die meisten deutschen Intellektuellen und Künstler (mit Ausnahme Goethes und Wielands), als unumschränkt positives Ereignis begrüßt. Durch die Lektüre des seit 1789 bestehenden *Moniteur universel*, bei der ihm seine vorzüglichen Französischkenntnisse helfen, verschafft er sich die notwendigen Detailinformationen, die in ihm, wie er Ende November 1792 gesteht, «Erwartungen» wecken und die politischen Vorgänge im Nachbarland besser verstehen lassen (26, 169 f.). Nach Paris gereiste Freunde – zunächst Wilhelm von Wolzogen und der Schwager Beulwitz, später der württembergische Landsmann Karl Friedrich Reinhard – versorgen ihn zudem mit authentischen Nachrichten über die Stimmung in der französischen Metropole. Den Umschlagpunkt, an dem sich Schillers Sympathien für die Politik der Nationalversammlung in offene Ablehnung verwandeln, ist, genau markierbar, der Beginn des Prozesses gegen Ludwig XVI., der mit der Verhängung des Todesurteils endet. Schillers Entschluß, gemeinsam mit Wilhelm von Humboldt nach Paris zu reisen, um dort öffentlich eine Verteidigungsschrift zur Rettung des Königs vorzutragen, wird durch das Tempo der Ereignisse zur Makulatur: Am 21. Januar 1793 fällt der Kopf Ludwigs XVI. und mit ihm das Haupt des Leviathan, der für Thomas Hobbes das Sinnbild des souveränen Staates darstellte (34/I, 204).

Schiller hat in späteren Jahren ein Interesse an politischen Fragen grundsätzlich bestritten. Gegenüber dem progressiven Berliner Publizisten Johann Friedrich Reichardt erklärt er im Sommer

1795: «(...) und es ist im buchstäblichsten Sinne wahr, daß ich gar nicht in meinem Jahrhundert lebe; und ob ich gleich mir habe sagen lassen, daß in Frankreich eine Revolution vorgefallen, so ist dieß ohngefehr, das wichtigste, was ich davon weiß.» (28, 18) Eine direkte öffentliche Bewertung politischer Zeitereignisse lehnt Schiller in den Jahren nach 1793 konsequent ab. Im November 1794 verweigert er sich Cottas Wunsch, er möge ein Lobgedicht auf das bevorstehende Baseler Friedensabkommen schreiben, das den Waffenstillstand zwischen Frankreich und den alten Mächten besiegeln sollte; drei Jahre später entzieht er sich dem Ansinnen des Verlegers, den Vertrag von Campo Formio öffentlich zu würdigen. Als ihn Göschen am 16. Februar 1801 um die Abfassung einer Ode über die Abmachungen von Lunéville nach dem zweiten Koalitionskrieg gegen Napoleon bittet, widersetzt er sich dem erneut. In der Rolle des Festtagsdichters, der politische Kommentare publizierte und offizielle Feierlichkeiten rahmte, mochte er sich nicht sehen. Eine soziale Reform, so lautete seine Überzeugung, mußte gerade ein Zurücktreten der Allgegenwart des Staates bei gleichzeitiger Priorität der Individuen ermöglichen (eine Position, die ähnlich auch der junge Wilhelm von Humboldt vertrat). In einem Schreiben an Caroline von Beulwitz betont er am 27. November 1788 im Blick auf Wilhelm von Wolzogens Pariser Reiseberichte vom Vorabend der Revolution: «Der Staat ist ein Menschenwerk, der Mensch ist ein Werk der unerreichbaren großen Natur. Der Staat ist ein Geschöpf des Zufalls, aber der Mensch ist ein nothwendiges Wesen, und durch was sonst ist ein Staat groß und ehrwürdig, als durch die Kräfte seiner Individuen?» (25, 146 f.) Im *Thalia*-Essay über *Die Gesetzgebung des Lykurgus und Solon* heißt es 1790 in ähnlicher Tendenz: «Der Staat selbst ist niemals Zweck, er ist nur wichtig als eine Bedingung unter welcher der Zweck der Menschheit erfüllt werden kann, und dieser Zweck der Menschheit ist kein andrer, als Ausbildung aller Kräfte des Menschen, Fortschreitung.» (17, 423) Zu Schillers ästhetischem Credo gehört es seit den Erfahrungen des Winters 1792/93, daß die Auseinandersetzung mit aktuellen gesellschaftlichen Themen seine literarische Freiheit durch ein stoffliches, letzthin kurz-

atmiges Interesse beschränke und wahre künstlerische Autonomie, wie es die rhetorisch funkelnde Ankündigung der *Horen*
umreißt, nur in der Lösung von den Forderungen des Tages –
dem «Dämon der Staatskritik» – erreichbar sei (22, 106).

Provokative Formulierungen wie jene aus dem Brief an Reichardt («daß ich gar nicht in meinem Jahrhundert lebe») ver-
decken freilich die subtilen Erwägungen, die Schillers Verhältnis
zu den Angelegenheiten des Staates nach 1793 bestimmen. Zwar
verzichtet er fortan mit peinlicher Sorgfalt auf öffentliche politische Stellungnahmen, doch bedeutet das keineswegs, daß ihn
das Thema nicht in den Bann schlägt. Schillers künstlerische
Distanz gegenüber aktuellen gesellschaftlichen Fragen darf nicht
als Zeugnis der inneren Emigration mißverstanden werden. Das
langfristige Ziel seiner literarischen Tätigkeit bleibt von der Option auf den Umbau des herrschenden Staates getragen, mithin
dezidiert politisch. «Arbeit für mehr als ein Jahrhundert» nennt
er im Juli 1793 die Intention, eine «Staatsverfassung aus Princi-
pien» aufzubauen (26, 264). In dieses gewaltige Projekt, das die
Leistung einer einzelnen Generation überstieg, sah sich auch
Schiller einbezogen. Es schloß die Stellungnahme zu tagespoliti-
schen Konflikten aus, verlangte aber eine soziale Bindung der ästhetischen Programmatik, deren theoretische Möglichkeit die
kunstphilosophischen Studien der folgenden Jahre erörtern.

Zwischen dem 9. Februar und dem 10. Dezember 1793
schreibt Schiller sechs Briefe an seinen Kopenhagener Mäzen,
den Prinzen von Augustenburg, in denen er, dezidiert von der
Zeitlage ausgehend, die Bedeutung der ästhetischen Erfahrung
für die gesellschaftliche Erziehung des Menschen beleuchtet.
«Der Versuch des Französischen Volks», heißt es am 13. Juli
1793, «sich in seine heiligen Menschenrechte einzusetzen, und
eine politische Freiheit zu erringen, hat bloß das Unvermögen
und die Unwürdigkeit desselben an den Tag gebracht, und nicht
nur dieses unglückliche Volk, sondern mit ihm auch einen be-
trächtlichen Theil Europens, und ein ganzes Jahrhundert, in Bar-
barey und Knechtschaft zurückgeschleudert.» (26, 262) Die
Eruptionen des Straßenterrors, welche die Revolution in Frankreich in Schillers Augen haben scheitern lassen, verweisen auf ein

massives Defizit an menschlicher Sensibilität, wie es charakteristisch für die Epoche des Rationalismus zu sein scheint; die Gewaltsamkeit der Volksmassen gerät zum Indiz für das Versagen des Erziehungsprogramms, unter dessen Fahne sich die Kräfte der Vernunft in Mitteleuropa versammelt hatten: «Die Aufklärung, deren sich die höhern Stände unsers Zeitalters nicht mit unrecht rühmen, ist bloß theoretische Kultur, und zeigt, im ganzen genommen, so wenig einen veredelnden Einfluß auf die Gesinnung, daß sie vielmehr dazu verhilft, die Verderbniß in ein System zu bringen, und unheilbarer zu machen.» (26, 263) Unter den Bedingungen einer einseitigen Aufklärung des Verstandes, die der rohen Barbarei einer ungebildeten sinnlichen Triebnatur auf unheilvolle Weise Vorschub leistet, bedarf es des Korrektivs der ästhetischen Erfahrung, damit der Mensch seine innere Harmonie finden und die ihn beherrschenden Spannungen balancieren kann: «Und hier ist es, gnädigster Prinz, wo die Kunst und der Geschmack ihre bildende Hand an den Menschen legen, und ihren veredelnden Einfluß beweisen. Die Künste des Schönen und Erhabenen beleben, üben und verfeinern das Empfindungsvermögen, sie erheben den Geist von den groben Vergnügungen des Stoffes zum reinen Wohlgefallen an bloßen Formen, und gewöhnen ihn, auch in seine Genüsse Selbstthätigkeit zu mischen.» (26, 266)

Nachdem die sechs Briefe des Jahres 1793 am 26. Februar 1794 bei einem Brand des Kopenhagener Schlosses vernichtet worden sind, bittet der dänische Mäzen Schiller um die Übersendung von Abschriften, die er anhand der ihm noch vorliegenden Kopien vornehmen lassen solle. Da Schiller an einer Reproduktion der älteren Entwürfe jedoch nicht interessiert ist, beginnt er mit einer nochmals vertiefenden Ausarbeitung seiner Gedanken. In gedrängter Folge entstehen so zwischen Ende Februar und Anfang Juni 1795 die 27 Briefe *Ueber die ästhetische Erziehung des Menschen*, die in drei Folgen der *Horen* erscheinen. Die Gliederung der Publikationssequenz entspricht der inhaltlichen Disposition des Textes: Der erste Teil (1.–9. Brief) erörtert die Zeitsituation, die durch Formen zwischenmenschlicher Abstraktion, Arbeitsteilung, Entfremdung und kultureller

Verarmung bei stetigem Zuwachs theoretischer Bildung geprägt sei; der zweite Abschnitt (10.–16. Brief) beschreibt mit den Mitteln der transzendentalphilosophischen Deduktion (jedoch gesteuert durch empirisches Interesse) die Triebstruktur des Individuums in ihrem Innen- sowie Außenverhältnis und untersucht die Bedeutung des Schönen für die Harmonisierung menschlicher Grundspannungen; die dritte Folge (17.–27. Brief) schildert die Formen des ästhetischen Zustands und das Modell eines daraus abgeleiteten Staates, der weder soziale Utopie noch Komplement der platonischen Gelehrtenrepublik, sondern ein Wunschbild der Imagination ist, das die modellbildende Leistung der kulturellen Erfahrung beleuchten soll.

Im Zentrum der Schrift steht die bereits ein Jahr zuvor von den Augustenburger-Briefen skizzierte Idee, daß der Mensch nicht nur durch die Ausbildung seiner Vernunftkräfte, sondern – ergänzend – durch die auf der Grundlage ästhetischer Erfahrung mögliche Verfeinerung seiner sinnlichen Kultur in die Freiheitsfähigkeit geführt werden müsse. Man mißversteht die Abhandlung, wenn man sie als Beitrag zur näheren Bestimmung des Wesens der Kunst deutet; vielmehr entwickelt sie eine auf prinzipielle Einsichten zielende Lehre vom Schönen, die wiederum durch die politische Zeitdiagnostik und anthropologische Beobachtungskategorien gestützt wird. Fundamental bleibt der Befund, daß das moderne Individuum aufgrund einer spezialisierten Berufspraxis und der Rollenbindung seines sozialen Handelns vom – in der Antike erreichten – Ideal seiner leibseelischen Totalität weit entfernt sei: «Ewig nur an ein einzelnes kleines Bruchstück des Ganzen gefesselt, bildet sich der Mensch selbst nur als Bruchstück aus, ewig nur das eintönige Geräusch des Rades, das er umtreibt, im Ohre, entwickelt er nie die Harmonie seines Wesens, und anstatt die Menschheit in seiner Natur auszuprägen, wird er bloß zu einem Abdruck seines Geschäfts, seiner Wissenschaft.» (20, 323) Analog zu den zerstreuenden Effekten der Arbeitsteilung wirkt sich die Ausdifferenzierung des modernen Staates aus, der nicht das Individuum in seiner Totalität, sondern nur den Funktionsträger mit fachlichen Fertigkeiten benötigt, um seine administrativen Aufgaben erfüllen zu können: «Genöthigt, sich die Mannichfaltigkeit seiner Bürger durch Klassifizierung zu erleichtern, und die Menschheit nie anders als durch Repräsentation aus der zweyten Hand zu empfangen, verliert der regierende Theil sie zuletzt ganz und gar aus den Augen, indem er sie mit einem bloßen Machwerk des Verstandes empfängt; und der regierte kann nicht anders als mit Kaltsinn die Gesetze empfangen, die an ihn selbst so wenig gerichtet sind.» (20, 324 f.)

Der ästhetischen Erfahrung fällt an diesem Punkt die Aufgabe zu, die Dissoziation zu beheben, die der Prozeß der gesellschaftlichen Modernisierung erzeugt hat. Die im Mittelteil der *Briefe* entwickelte Bestimmung des Menschen offenbart den Blick auf einen grundlegenden Dualismus, dessen innere Zerreißkräfte durch die Wirkung des Schönen überwunden werden können. In der durch die ästhetische Erfahrung spielerisch ausgeglichenen Spannung von expansivem Stofftrieb und konzentrierendem Formtrieb, von Handeln und Reflexion kommt es zu einer Harmonisierung des psychophysischen Haushalts, die es dem Menschen erlaubte, wieder zu jener ‹Ganzheit› zurückzufinden, von der Schiller bereits 1791 in seiner Rezension der Gedichte Bürgers sprach (22, 245).

Schon der zweite Brief hatte bemerkt, daß es «die Schönheit» sei, «durch welche man zu der Freyheit wandert.» (20, 312) Der Schluß der Abhandlung scheint diese Einschätzung nochmals zuzuspitzen, indem er den ästhetischen Zustand, in welchem das Individuum Passivität und Aktivität, Rezeptivität und Produktivität verbindet, als Idealform der sozialen Selbstbestimmung beschreibt. Hinter dieser Bewertung steht keineswegs der Versuch, dem Schönen den Status eines Surrogats für die fehlende gesellschaftliche Autonomie des Menschen zu verschaffen. Kritiker wie Herder, Jean Paul oder später Georg Lukács, die dem Text eine Flucht in elitäre Schönheitsverklärung vorhielten, zielten ins Leere, weil sie die Modellfunktion des ästhetischen Zustands mißverstanden. Dessen besondere Leistung liegt darin, daß er den Menschen auf den Geschmack der Freiheit bringt, indem er ihn mit der Möglichkeit einer Autonomieerfahrung vertraut macht, wie sie nach Schiller allein das Schöne offerieren kann. Daß die *Briefe* kein Dokument eines weltfremden Idealismus darstellen, verrät bereits ihre sprechende Metaphorik, welche die Wortfelder ‹Staat›, ‹Republik› und ‹Verfassung› permanent umspielt und den «politischen Künstler» (20, 317) – die Person des Herrschers – ins Zentrum des hier formulierten Erziehungsprogramms rückt. Als vorzügliche Aufgabe jeder Regierung bezeichnet Schiller die Respektierung der «Eigenthümlichkeit» (20, 317) der Bürger, die es ermögliche, daß der Staat gleichsam zum Repräsentanten jener Toleranz und Freiheitsliebe avanciere, die auch der einzelne Mensch idealiter zu verwirklichen habe. Die staatliche Ordnung beschränkt sich damit – ähnlich wie in den Entwürfen des jungen Wilhelm von Humboldt – auf die Konstruktion einer Form, «die sich durch sich selbst und für sich selbst bildet» (20, 317). Sie repräsentiert das Modell der Autonomie, das keinen Zwang und keine Gewalt duldet, viemehr die gelungene Balance von Individualinteresse und Gemeinsinn veranschaulicht. Es bleibt außer Frage, daß diese idealistische Konzeption des Staates die gesellschaftlichen Möglichkeiten nicht nur des absolutistischen Zeitalters überfordern mußte. Ihre Bedeutung besitzt sie jedoch nicht als utopischer Entwurf, sondern als Element einer approximativen Reflexionskultur, die vom Bewußtsein getragen wird, daß ihre Denkarbeit stets im Zeichen des Provisorischen steht.

Mit dem Abschluß des Essays *Ueber naive und sentimentalische Dichtung* beendet Schiller zu Beginn des Jahres 1796 seine theoretische Periode. Der Aufsatz liefert ein Modell der Moderne, in das auch ein literarisches Selbstbild eingeht. Die ihn tragende Typologie des Naiven und des Sentimentalischen schließt die Ebenen des Epochenvergleichs, der literarischen Gattungslehre und der Charakterkunde ein, bleibt mithin geschichtsphilosophisch, poetologisch und psychologisch konditioniert. Auf der ersten Stufe ist das Naive ein Signum einer naturnahen, spontan-produktiven Mentalität, während das Sentimentalische den Indikator einer modernen, kulturell überformten, durch idealische Anspannung bei gleichzeitiger Naturdistanz geprägten Geisteshaltung darstellt (die Zuordnung, daß Naives primär ‹antik›, Sentimentalisches vorrangig ‹modern› sei, ist nur im tendenziellen Sinne zu verstehen, was Ausnahmen

– den sentimentalischen Dichter der Griechen, den naiven Autor der Neuzeit – notwendig zuläßt). Es bleibt für Schillers Denken signifikant, daß er den von der Abhandlung entfalteten Dualismus nicht als statischen Gegensatz, sondern als Objekt eines dynamischen Evolutionsprozesses betrachtet: «Dieser Weg, den die neueren Dichter gehen, ist übrigens derselbe, den der Mensch überhaupt sowohl im Einzelnen als im Ganzen einschlagen muß. Die Natur macht ihn mit sich Eins, die Kunst trennt und entzweyet ihn, durch das Ideal kehrt er zur Einheit zurück.» (20, 438) Gemäß der für den deutschen Idealismus um 1800 typischen triadischen Geschichtskonstruktion, wie sie auch Hölderlins Essay *Der Gesichtspunct, aus dem wir das Altertum anzusehen haben* (1798), Novalis' *Die Christenheit oder Europa* (1799), Schellings *Philosophie der Kunst* (1802–03), nicht zuletzt Hegels *Phänomenologie des Geistes* (1807) bestimmen, betrachtet Schiller die – vorwiegend moderne – Form der sentimentalischen Dichtung als künstlerische Option, die eine Überwindung des Hiatus zwischen Natur und Reflexion, Gefühl und Verstand ermöglichen könnte.

Fundamental für die sentimentalische Poesie, als deren typischen Vertreter Schiller, wie unschwer zu erkennen ist, sich selbst sieht, bleibt die idealische Grundspannung, die freilich das Risiko der Exzentrität und Schwärmerei einschließt. Die charakteristischen Gattungen des Sentimentalischen – Elegie, Satire und Idylle – leben jeweils aus dem Wechselspiel von Ideal und Wirklichkeit, dessen innere Organisation in unterschiedlicher Weise – klagend, spottend oder sehnsuchtsvoll – wahrgenommen bzw. ausgeformt wird. Das Sentimentalische gerät in Schillers Bestimmungen zu einer intellektuellen Perspektive, die es erlaubt, im Gefälle, das Neuzeit und Altertum trennt, die eigene Modernität reflektierend zu erfassen. Die Kategorie der Natur und mit ihr das Naive, das in ihr ruht, erweisen sich vor diesem Hintergrund, wie Peter Szondi scharfsinnig bemerkt hat, als Produkte sentimentalischer Denkarbeit. Daß die Moderne die Werte, über deren Verlust sie elegisch nachsinnt, zuallererst selbst gebiert, bleibt die entscheidende Konsequenz der theoretischen Rekonstruktion, die Schillers Essay ihr zuteil werden läßt.

Am 4. November 1795 schreibt Schiller mit Blick auf die «Uebermacht» der ‹prosaischen Verhältnisse› der Gegenwart an Herder: «Daher weiß ich für den poetischen Genius kein Heil, als daß er sich aus dem Gebiet der wirklichen Welt zurückzieht und anstatt jener Coalition, die ihm gefährlich sein würde, auf die strengste Separation sein Bestreben richtet. Daher scheint es mir gerade ein Gewinn für ihn zu sein, daß er seine eigne Welt formiret und durch die Griechischen Mythen der Verwandte eines fernen, fremden und idealischen Zeitalters bleibt, da ihn die Wirklichkeit nur beschmutzen würde.» (28, 98) Die lyrischen Texte, die Schiller ab der Mitte der 1790er Jahre (auch aus merkantilen Gründen) für seine Musenalmanache und die *Horen* verfaßt, setzen das hier skizzierte Programm um. Sie sind keine Vehikel auf den kleinen Fluchten vor der Niedrigkeit der profanen Realität, sondern Produkte einer ästhetischen Selbstreflexion, die, gemäß den Überlegungen des Essays *Ueber naive und sentimentalische Dichtung*, die eigene Modernität in der Verständigung mit der antiken Tradition näher zu bestimmen suchen.

Schillers Antike-Bild durchläuft seit den 1780er Jahren zahlreiche Phasen. Die Gegenwartsverdrossenheit des Essays über den Mannheimer Antikensaal (*Brief eines reisenden Dänen*, 1785) und der Elegie *Die Götter Griechenlandes* (1788) mündet unter dem Einfluß der Geschichtsstudien in eine konkretere Epochenbetrachtung, zu der rechtsgeschichtliche und zivilisationshistorische Perspektiven gleichermaßen gehören; exemplarisch ist hier der 1790 publizierte Aufsatz *Ueber die Gesetzgebung des Solon und Lykurg*, der, anders als noch das verklärende Lehrgedicht *Die Künstler* (1789), die antike Sklavenhaltergesellschaft mit kritischen Seitenblicken bedenkt. In der durch Kant bestimmten Periode nach der Krankheit begreift Schiller das griechisch-römische Altertum vorwiegend als Denkmodell, anhand dessen er seine eigene Positionsbestimmung der Moderne entwickeln kann. 1798 bemerkt Novalis, der im Wintersemester 1790/91 als Jenaer Student Schillers universalhistorische Vorlesung zur mittelalterlichen Geschichte gehört hatte, in seinem unpublizierten Porträt *Über Goethe*: «Natur und Natureinsicht entstehn zugleich, wie Antike, und Antikenkenntniß; denn man irrt sehr, wenn man glaubt, daß es Antiken giebt. Erst jezt fängt die Antike an zu entstehen. Sie wird unter den Augen und der Seele des Künstlers.» Das Altertum ist für Novalis ein der Imagination entstiegener Ursprungsmythos, den die Moderne aus den Bruchstücken einer genuin sentimentalischen Vorstellungswelt zusammengesetzt hat. Die elegische Sichtweise der *Götter Griechenlandes* deutet diese Position bereits an, wenn es heißt, daß die Antike allein im Medium der Kunst vergegenwärtigt werden könne: «Schöne Welt, wo bist du? – Kehre wieder, | holdes Blüthenalter der Natur! | Ach! Nur in dem Feenland der Lieder | lebt noch deine goldne Spur.» (v. 145 ff.) Aus dieser Überzeugung entwickelt sich in Schillers lyrischen Arbeiten der 1790er Jahre sukzessive der (auch theoretisch beglaubigte) Gedanke, daß es einzig die kulturelle Reflexion sei, in der das Bild der Antike existiere. In der *Nänie* (1799), die anhand einschlägiger mythologischer Exempla die Sterblichkeit des Schönen beklagt, findet sich die Einsicht in die Logik einer ästhetischen Repräsentation des Verlorenen charakteristisch formuliert: «Auch ein Klaglied zu seyn im Mund der Geliebten ist herrlich, | Denn das Gemeine geht klanglos zum Orkus hinab.» (v. 13 f.)

Ordnet man die (ohne die *Xenien*) annähernd hundert Gedichte, die Schiller zwischen 1795 und 1799 für fünf Musenalmanache und die *Horen* schrieb, nach Gruppen, so fällt auf, daß der Gattungstypus der Elegie bzw. des elegisch gefärbten Textes gerade unter den gewichtigen Produkten besonders stark vertreten ist – zu denken wäre an Arbeiten wie *Die Ideale*, *Die Macht des Gesanges*, *Der Tanz* (1795), *Elegie* (1800 in *Der Spaziergang* umbenannt), *Klage der Ceres* (1796), *Das Glück* (1798) und *Nänie* (1799). Daneben stehen Lehrgedichte – so *Das Reich der Schatten* –, Lieder wie *Würde der Frauen* (1795),

Das Mädchen aus der Fremde, Der Besuch (1796), *Das Geheim-niss* (1797), *Bürgerlied, Des Mädchens Klage* (1798) und das umstrittene *Lied von der Glocke* (1799) sowie die großen Balla-den, die sich im Almanach für das Jahr 1798 sammeln.

In der im Spätsommer 1795 entstandenen *Elegie* sah Schiller den Höhepunkt seiner lyrischen Produktion. Der 216 Verse – 108 reimlose Distichen – umfassende Text trägt den Charakter einer geschichtsphilosophisch fundierten Landschaftsdarstel-lung, in die ein ganzer Katalog von Topoi (aus Theokrits Hirten-idyllen, Vergils *Georgica* und Horaz' Oden), Anspielungen (auf Hallers *Alpen* und Kleists *Landleben*) und Referenzen (Rous-seaus *Julie*-Roman, Goethes *Werther*) eindringt. Das Gedicht schildert die Wanderung durch eine zunächst wirklichkeitsnah beschriebene, sukzessive zum Sinnbild der Menschheitsentwick-lung verklärte Landschaft. Deren Darstellung greift das Gebot der 1794 in der Jenaer *Allgemeinen Literaturzeitung* veröffent-lichten Rezension von Matthissons Gedichten auf, in der Schiller dem Dichter zur Aufgabe gemacht hatte, die ideellen Züge der Natur mit Hilfe einer ‹symbolischen Operation› zur Anschauung zu bringen (22, 271). Am Ende führt der Spaziergang in eine er-haben anmutende Bergwelt, deren Wildnisse den Betrachter zu-nächst bedrohen, bald jedoch den beruhigenden Gedanken an seine leibseelische Sicherheit freisetzen: «Bin ich wirklich allein? In deinen Armen, an deinem | Herzen wieder, Natur, ach! Und es war nur ein Traum, | Der mit des Lebens furchtbarem Bild mich schaudernd ergriffen, | Mit dem stürzenden Thal stürzte der fin-stre hinab.» (v. 201 ff.) Die Elegie schließt mit der Erkenntnis, daß der ursprüngliche Naturzusammenhang, in dem das Indivi-duum zuverlässig aufgehoben ist, die Einheit von Vergangenheit, Gegenwart und Zukunft gewährleiste. Die Einsicht, daß die «Sonne Homers» auch uns «lächelt» (v. 216), erweist sich wie-derum als sentimentalische Konstruktion, impliziert sie doch die Ahnung von der modernen Überformung einer Natur, die als Raum von Zeichenbezügen erfaßt, nicht aber mehr unmittelbar erlebt werden kann.

Die Natur als Konstrukt der sentimentalischen Phantasie – dieses Modell demonstriert, daß Schiller dort, wo er die Räume der äußeren Erfahrung beschrieb, von theoretischen Optionen beherrscht blieb. Leib, Genuß, Enthusiasmus, Sehnsucht und Trauer sind für ihn primär Chiffren der poetischen Imagination. Schiller ist an solchen Punkten ein körperloser Autor, der seine empirische Welt auf die Phantasie beschränkt, mit deren Hilfe er den Zwängen der Physis zu entkommen sucht. In der Rolle des auf seine Imagination konzentrierten Geistesmenschen haben ihn auch Zeitgenossen wahrgenommen. Daß er sich linkisch, steif und eckig bewegte, betonen sämtliche Beobachter von Schelling über August Wilhelm Schlegel bis zu Jean Paul nahezu übereinstimmend. Ein harmonisches Körpergefühl war Schiller nicht gegeben; seine äußere Erscheinung zeigte, auch aufgrund der für damalige Verhältnisse ungewöhnlichen Körpergröße, wenig Geschmeidigkeit. Seine Stimme klang oftmals schrill, seine Kleidung verriet keinen sonderlichen Geschmack. Auch als Reiter machte er eine schlechte Figur; noch in Jena soll er in scharfem Galopp durch die engen Gassen gesprengt sein, ohne Gefühl für Zügel und Sporen. Die Welt der sinnlichen Nuancen, der feinen Abtönungen und Abstufungen war seine Sache nicht. Schiller setzt auf die großen Linien der Ideen, die ihm bedeutsamer scheinen als die Limitierungen der physischen Wirklichkeit, über die er den Feldherrn Wallenstein räsonnieren läßt: «Eng ist die Welt, und das Gehirn ist weit, | Leicht bei einander wohnen die Gedanken, | Doch hart im Raume stoßen sich die Sachen, | Wo eines Platz nimmt, muß das andre rücken, |Wer nicht vertrieben sein will, muß vertreiben | Da herrscht der Streit, und nur die Stärke siegt.» (T v. 787 ff.). Die Priorität des Intellektuellen gegenüber der sinnlichen Erfahrung (und deren Regulativen) bestimmt offenkundig auch die physiognomische Erscheinung Schillers. Im Sommer 1795 schreibt Jean Paul über ein von Johann Friedrich Moritz Schreyer nach der Vorlage einer Zeichnung Dora Stocks entworfenes Bild des Autors: «Schillers Portrait oder vielmehr seine Nase daran schlug wie ein Blitz in mich ein: es stellet einen Cherubim mit dem Keime des Abfals vor und es scheint sich über alles zu erheben, über die Menschen, über das Unglück und über die – Moral.»

In seinen vor allem während des Jahres 1797 im engen Aus-

tausch mit Goethe entstandenen Balladen knüpft Schiller an eine
seit der Genieperiode beim Publikum prominente Gattungstra-
dition an, wie sie in Deutschland vor allem Bürger ausfüllte. Die
Themen und Formen der Balladen decken zwar ein weites Spektrum von der Kriminalgeschichte (*Die Kraniche des Ibykus*) über
die novellistisch anmutende Erzählung (*Der Ring des Polykrates,
Der Handschuh, Der Taucher*), die romantische Schauergrotes-
ke (*Ritter Toggenburg, Der Gang nach dem Eisenhammer*) bis
zur märchenhaften Legende (*Der Graf von Habspurg, Der Al-
penjäger*) ab, finden jedoch einen gemeinsamen Richtpunkt in
der übergreifenden Tendenz zur Darstellung von Extremsituationen, an denen die Grenzen menschlicher Freiheit sichtbar
werden können. Schillers Balladen befestigen auf diese Weise
nicht den Glauben an ein ehernes Fatum, das den Weg des Individuums steuert, sondern demonstrieren in ihren mit dem Ner-
venkitzel des Lesers geschickt spielenden Fallstudien jene Formen der Heteronomie, denen der Mensch ausgesetzt bleibt, wo
immer er in den Ordnungen von Natur und Gesellschaft handelt.
Letzthin machen die Balladen sichtbar, daß die Zwänge, auf
die der Einzelne stößt, selbsterzeugte Widerstände darstellen,
die auf seine spezifische Unzulänglichkeit zurückdeuten. Die
Mörder des Ibykus werden nicht durch die Mächte des Schicksals, sondern durch ihr schlechtes Gewissen überführt, das sie
im Rund des Theaters als Schuldige entlarvt; der Taucher scheitert an der eigenen Hybris, die durch die Mächte der Natur
nur gerichtet, nicht aber evoziert wird; das Glück des Königs von
Samos steht auf tönernen Füßen, weil es eine Form der Selbstherrlichkeit erzeugt, die eine baldige Katastrophe ahnen läßt
(*Der Ring des Polykrates*); der Intrigant Robert gerät in den töd-
lichen Sog des Zufalls, weil er von bösen Absichten getrieben ist
(*Der Gang nach dem Eisenhammer*). Schillers Balladen liefern
psychologische Fallstudien, die menschliche Selbstüberschät-
zung und Blindheit an Risikoschwellen verdeutlichen, die durch
Erprobungs- und Experimentiersituationen errichtet werden.
Der Begriff des Schicksals bezeichnet hier nur eine Berufungs-
instanz ohne verbindliche Normativität – eine entleerte Kategorie, die darüber täuscht, daß nicht die Götter, sondern die Indivi-

duen für die Ordnungen des Zwangs verantwortlich sind, welche die geschichtliche Realität beherrschen.

Ergänzt wird die lyrische Produktion der klassischen Periode durch die zumal während des Jahres 1796 gemeinsam mit Goethe verfaßten *Xenien*, die eine – als Reaktion auf die unfreundliche Aufnahme der ersten *Horen*-Hefte zu verstehende – Abrechnung mit nahezu sämtlichen Vertretern des literarischen Deutschland bieten (unter denen einzig Wieland geschont wird). Die Konzeption der *Xenien*, die sich am Vorbild des 13. Buchs der *Epigrammata* Martials (40–ca. 104 n. Chr.) orientieren, hatte Goethe im Dezember 1795 entwickelt. In knapp neun Monaten produzieren Schiller und er mehr als 900 *Xenien*, von denen drei Viertel im Musenalmanach für 1797 veröffentlicht werden. Daß das jeweilige Xenion häufig gemeinsam verfaßt und die Urheberschaft im Einzelfall nicht zu ermitteln sei, haben beide Autoren zeitlebens nachdrücklich betont. Die Konstruktion eines kollektiven Autors bildet ein zentrales Element der Wirkungsstrategie der *Xenien*, deren Verfasser jeden, der sich um eine persönliche Zuschreibung bemüht, als Kleingeist anprangern: «Wem die Verse gehören? Ihr werdet es schwerlich errathen, | Sondert, wenn ihr nun könnt, o Chorizonten, auch hier!» (1, 320 [Nr. 91])

Die sarkastischen Epigramme mobilisierten die literarische Öffentlichkeit, luden zu Spekulationen über die jeweiligen Adressaten ein und brachten Schiller die ersehnten Auflagenhöhen – innerhalb eines Monats verkauft Cotta über 1500 Exemplare des Musenalmanachs für das Jahr 1797. Die in den *Xenien* formierte «Ecclesia militans» – so Schillers auf die *Horen* bezogenes Wort (28, 93) – richtet sich gegen unterschiedlichste literarische Zeitströmungen; attackiert werden die deutschen Jakobiner (an der Spitze Johann Friedrich Reichardt und Georg Forster), die Exzentrität des Jenaer Schlegel-Kreises, eklektische Tendenzen der Spätaufklärung (hier zumal Friedrich Nicolai und Johann Christoph Adelung), der Populismus der Trivialliteratur (vertreten durch August von Kotzebue) und bigott-christliche Schwärmerei (neben Friedrich Leopold zu Stolberg, der die *Götter Griechenlandes* scharf verrissen hatte, Matthias Claudius,

Jung-Stilling und Lavater). Eine klare programmatische Aussage
hinter diesen Angriffen zu erkennen, fällt schwer. Die *Xenien*
sind von einem exklusiven Selbstbehauptungswillen gekenn-
zeichnet, der für Goethes und Schillers Positionsbestimmung in
der Mitte der 1790er Jahre charakteristisch ist. Getragen wird er
vom Anspruch, in «Zeiten der Fehde» (28, 93) literaturpolitische
Weichenstellungen vorzunehmen, die eine ästhetische Erziehung
des Publikums ermöglichen, wie sie Schillers große Elegien und
das Lehrgedicht *Das Reich der Schatten* exemplarisch erproben.
Die Zone der ‹Schatten› ist jener Raum der ästhetischen Erfahrung, in welcher der Stoff zur Form, das Provisorische zur Dauer
gewandelt wird. Was die *Xenien* in zuweilen exzentrisch-bor-
nierter Form einfordern, gewinnt hier eine eigene Sprache: die Vi-
sion einer Kunst, die das Materielle als ‹schweres Traumbild› in
die Tiefe sinken und die Schönheit zum Medium der Verjüngung
der Menschen aufsteigen läßt (v. 176 ff.).

Schillers Gedichte der 1790er Jahre überzeugen nicht zuletzt
durch ihre ausgeprägte Musikalität, die gelegentlich auftretende
Stereotypen und Klischees – insbesondere im Bereich der konser-
vativen Geschlechterbilder – mit artistischer Eleganz überspielt
(in den schwächeren Texten mutet ihr Rhythmus zuweilen me-
chanisch-klappernd an). Das alte Vorurteil, Schiller habe vor-
nehmlich ‹Gedankenlyrik› mit sententiös versteinerten Lehrsät-
zen verfaßt, ist haltlos, weil es die artistische Vielfalt seiner Gedichte ebenso unterschätzt wie die substantielle Bedeutung, die
sie für das Verständnis seiner Kunstphilosophie besitzen. Daß er
selbst die lyrische Arbeit als Akt spontaner Produktion jenseits
theoretischer Reflexion, als einen geradezu körperlich sich mani-
festierenden Prozeß der über Rhythmus und Tonlage anlaufen-
den Wortfindung begriffen hat, dokumentiert ein Memorandum
vom Mai 1792, in dem es heißt: «Ich glaube, es ist nicht immer
die lebhafte Vorstellung seines Stoffes, sondern oft nur ein Be-
dürfniß nach Stoff, ein unbestimmter Drang, nach Ergießung
strebende Gefühle, was Werke der Begeisterung erzeugt. Das
Musikalische eines Gedichts schwebt mir weit öfter vor der Seele, wenn ich mich hinsetze es zu machen, als der klare Begriff
vom Innhalt, über den ich oft kaum mit mir einig bin.» (26, 142)

X Schädelstätten der Geschichte.
Die *Wallenstein*-Trilogie

«Ich wolte nur Pfarrer werden – und bleibe hangen am Theater», schreibt Schiller schon im November 1783 ironisch an Henriette von Wolzogen (23, 121). In der Tat erweist sich die Bühne für ihn auch in den folgenden Jahrzehnten, trotz gelegentlicher Phasen der Abstinenz, als mächtiger Anziehungspunkt, der seine literarischen Energien bündelt. Ab der zweiten Hälfte der 1790er Jahre beginnt er sich in zunehmendem Maße wieder auf das dramatische Fach zu konzentrieren. In dem Maße, in dem ihm die fortschreitende Krankheit die Gewißheit begrenzter Kräfte verschafft («wenn mir nur Leben und leidliche Gesundheit bis zum 50. Jahr aushält»; 32, 218), entschließt er sich dazu, seine Dramenprojekte mit absolutem Vorrang zu verfolgen. Die historischen Studien, die theoretische Arbeit, die Beschäftigung mit dem Romanschreiben, das Journalgeschäft, die lyrische Produktion – sämtliche dieser Tätigkeitsbereiche müssen in Schillers letzten Lebensjahren hinter die imperatorischen Ansprüche des Theaters zurücktreten.

Die Pläne zu einer dramatischen Bearbeitung des Wallenstein-Stoffs gehen auf den Winter 1790/91 zurück, als Schiller Quellenstudien für seine *Geschichte des Dreyßigjährigen Kriegs* trieb. Am 25. Mai 1792 schreibt er Körner inmitten der als prosaisch empfundenen Arbeit an der historiographischen Abhandlung über seine literarischen Entwürfe: «Ich bin jetzt voll Ungeduld, etwas poetisches vor die Hand zu nehmen, besonders jückt mir die Feder nach dem Wallenstein.» (26, 141) Einige vorsichtig entworfene Prosaszenen, die im Herbst 1793 in Ludwigsburg während der ausgedehnten württembergischen Erholungsreise entstehen, bleiben jedoch Fragment. Die Periode der theoretischen Studien mit ihren durch die Kant-Lektüre inspirierten systematischen Interessen läßt zunächst eine kontinuierliche

Ausgestaltung des Sujets nicht zu. Erst unter dem belastenden Eindruck, daß die kunstphilosophische Arbeit den Zugang zur literarischen Imagination dauerhaft zu verstellen droht, beschließt Schiller den Aufbruch zu neuen Vorhaben: «Ich habe mich lange nicht so prosaisch gefühlt, als in diesen Tagen», schreibt er am 17. Dezember 1795 an Goethe, «und es ist hohe Zeit, daß ich für eine Weile die philosophische Bude schließe. Das Herz schmachtet nach einem betastlichen Objekt.» (28, 132) Der Weg zum Wallenstein-Sujet erweist sich allerdings als beschwerlich. Noch Ende März 1796 klingen die Körner und Humboldt übermittelten Berichte aus der Werkstatt höchst skeptisch. Bedenken erregen die Masse des Stoffs, die technischen Schwierigkeiten der Darstellung einer mächtig ausgebreiteten Staatsaktion, nicht zuletzt die düsteren Charakterzüge des Titelhelden, der in seinem Handeln keinem höheren Ideal, sondern allein dem praktischen Nutzen zu folgen scheint. Die Geschichtsschrift vermerkt über Wallensteins Habitus: «Finster, verschlossen, unergründlich, sparte er seine Worte mehr als seine Geschenke, und das wenige, was er sprach, wurde mit einem widrigen Ton ausgestoßen. Er lachte niemals, und den Verführungen der Sinne widerstand die Kälte seines Bluts.» (18, 134)

Erst im Herbst 1796 ringt sich Schiller zur detaillierten Textarbeit durch: «An den Wallenstein gegangen», vermerkt er in seinem Kalender unter dem 22. Oktober 1796 (41/I, 47). Die optimistische Prognose, daß für die Ausarbeitung ein Vierteljahr zu veranschlagen sei, läßt sich freilich nicht erfüllen. Immer wieder klagen die Briefe an Körner und Goethe in dieser Periode über die außerordentlichen Gestaltungs- und Motivierungsprobleme, die sich zumal auf den Typus des Protagonisten beziehen. Der nüchterne Wirklichkeitsmensch Wallenstein scheint kaum die hinreichende Qualifikation zum Tragödienhelden zu besitzen. Er scheitert nicht an der Unerfüllbarkeit einer Idee (wie Marquis Posa), sondern gerät durch eine Mischung aus Zufall und selbstverschuldeter Verblendung in die Katastrophe. Der Realismus des Sujets, den Schiller noch im März 1796 Humboldt gegenüber als Merkmal seiner poetischen Qualität gerühmt und zur ausdrücklichen Bedingung einer wirkungsträchtigen Bearbeitungsform erklärt hatte, zwingt ihn jetzt in eine – freilich produktive – Arbeitskrise. An Körner schreibt er am 28. November 1796 über seinen ‹ungeschmeidigen› Stoff: «Es ist im Grunde eine Staatsaction und hat, in Rücksicht auf den poetischen Gebrauch, alle Unarten an sich, die eine politische Handlung nur haben kann, ein unsichtbares abstractes Objekt, kleine und viele Mittel, zerstreute Handlungen, einen furchtsamen Schritt, eine (für den Vortheil des Poeten) viel zu kalte trockene Zweckmäßigkeit ohne doch diese biß zur Vollendung und dadurch zu einer poetischen Größe zu treiben; denn am Ende mislingt der Entwurf doch nur durch Ungeschicklichkeit.» (29, 17) Nicht zuletzt erweist sich die Darstellung der Kriegsrealität mit ihren kollektiven Energien und Prozessen als komplizierte, durch konventionelle dramaturgische Techniken kaum lösbare Aufgabe: «Die Base, worauf Wallenstein seine Unternehmung gründet, ist die Armee, mithin eine für mich unendliche Fläche, die ich nicht vors Auge und nur mit unsäglicher Kunst vor die Phantasie bringen kann; ich kann also, das Object, worauf er ruht, nicht zeigen, und eben so wenig das, wodurch er fällt; das ist ebenfalls die Stimmung der Armee, der Hof, der Kaiser.» (29, 17)

Zum Lehrmeister in der Phase der konzeptionellen Schwierigkeiten wird Aristoteles. Die *Poetik*, deren Tragödienlehre die *Räuber*-Vorrede noch (ohne genauere Textkenntnis) als Ausdruck obsoleten Regelzwangs abgefertigt hatte (3, 5), zeigt den Weg zur angemessenen Behandlung des Sujets. Die Aristoteles-Studien im Herbst 1797 verdeutlichen Schiller, daß er die Inkommensurabilität des Stoffs und die technischen Schwierigkeiten seiner theatralischen Repräsentation nur überwinden kann, wenn er den *Wallenstein* nach dem Muster von Sophokles' *König Oidipus* als analytisches Drama anlegt. Ein Brief an Goethe vom 2. Oktober 1797 entwirft einen Apparat von Begriffen, mit deren Hilfe er seine Gedanken über die komplexe Strukturierung des Sujets zu erläutern sucht: Die Handlung müsse, heißt es, in dynamischem Vorwärtsdrang («Præcipitation») auf einen ‹prägnanten› Moment zusteuern, in dem die sie beherrschenden Kräfte zusammenschießen. Dem ‹retardierenden› Charakter des an markanten Entscheidungspunkten zaudernden Helden Wallenstein

steht die Dynamik der politischen «Umstände» entgegen, die die
Geschehnisse «in steetiger und beschleunigter Bewegung zu ihrem Ende» treiben (29, 141). Der hybrid auf seine Selbstbestim-
mungsfreiheit vertrauende Protagonist ist zum Schluß das Opfer
heteronomer Machtkonstellationen, die ihn zu Fall bringen,
ohne daß er die ihm drohende Gefahr erkannte. Schiller sieht jetzt
im *Wallenstein*-Entwurf das Musterbeispiel für eine «tragische
Analysis» (29, 141) gegeben, wie sie Sophokles' *Oidipus*-Drama
exemplarisch entfaltet; auch hier erweist die Vorgeschichte ihren
massiven Einfluß auf die Handlung, indem sie die Motive der
Schuld, Rachsucht und Ehrkränkung bereitstellt, aus denen sich
der Untergang des Titelhelden folgerichtig abgeleitet wird.

Im Zuge der Aristoteles-Lektüre gelingt es Schiller zunächst,
die theoretischen Kriterien zu gewinnen, mit deren Hilfe er die
Arbeit an der dramatischen Form zu dirigieren vermag. Praktisch
umgesetzt werden sie durch den Rückgriff auf das Arsenal einer
poetischen Symbolik, wie sie insbesondere im Astrologiemotiv
zutage tritt (Wallensteins Sternenglauben ist ein historisch ver-
bürgtes Element seiner zwischen materiellem Ehrgeiz und spekulativen Neigungen gespannten Geisteshaltung). Hier erreicht
Schiller die Konzentration der Form, die über eine Verdichtung
von Leitmotiven die ästhetische Distanz gegenüber dem Stoff ermöglicht, welche die tragödientheoretischen Abhandlungen der
frühen 1790er Jahre explizit verlangt hatten. Die von den Figuren immer wieder beschworene Kategorie des Schicksals gewinnt
im trügerischen Komplex der Astrologie eine aus moderner Perspektive konturierte Ambivalenz. Seine dramaturgische Funktion entfaltet das Sujet dort, wo die astrologische Spekulation
Wallenstein zur Einschränkung persönlicher Entscheidungsfrei-
heit im Zeichen des Aberglaubens führt, wie es Goethes Rezension des Trauerspiels 1799 pointiert erläutert: «Wer die Sterne
fragt, was er tun soll, ist gewiß nicht klar über das, was zu tun
ist.» Die Vertiefung des Astrologiemotivs verlangte freilich genaue Quellenkenntnis. Schiller liest daher im Frühjahr 1797, angeregt durch Körner und Goethe, Agrippa von Nettesheims *De
occulta philosophia* (1531) und Leone Ebreos *Dialoghi d'amore*
(1535) – Schriften, die das seit den Chaldäern geläufige System

der Sterndeutung in eine für das Denken der Renaissance typische universelle Kosmologie zu integrieren suchen. Gerade diese spekulative Tendenz zieht ihn an, weil sie sich für die nähere Konturierung eines aus moderner Sicht problematischen Schicksalsglaubens eignet: «Die Vermischung der chemischen, mythologischen und astronomischen Dinge ist hier recht ins Große getrieben und liegt wirklich zum poetischen Gebrauche da.» (29, 58) Das astrologische Sujet berührt die allgemeine Dimension des politischen Konflikts, in den der Titelheld verstrickt ist – das Verhältnis zwischen Freiheit und Abhängigkeit. Wallenstein sucht hinter den Zeichen der Sterne die Spuren der Providenz, um sein eigenmächtiges Handeln durch die Autorität einer höheren Ordnung zu begründen. Er verkennt dabei jedoch, daß der Himmel entvölkert ist und der Begriff des Schicksals in der Neuzeit eine schimärische Gestalt angenommen hat. Sein Scheitern entspringt der falschen Einschätzung seiner Handlungsspielräume, die nicht durch ein metaphysisches Gesetz, sondern durch die Interessen seiner Widersacher bestimmt werden.

Erst im Herbst 1797 entschließt sich Schiller zur Verwandlung der Prosafassung in eine jambische Form, um, wie er Cotta am 14. November 1797 schreibt, «auch die letzte Foderung zu erfüllen, die an eine vollkommene Tragödie gemacht wird.» (29, 157) Ende 1797 werden die ersten beiden Akte der (späteren) *Piccolomini* abgeschlossen. Im Februar 1798 folgt der dritte Aufzug, die zunächst schwer integrierbare Liebeshandlung zwischen Thekla und Max. Nachdem diese Hürde genommen ist, beschleunigt sich das Schreibtempo. Schon im Sommer 1798 scheint der *Piccolomini*-Text nahezu vollendet. Im September 1798 ändert Schiller jedoch den Aufbau des Gesamtwerks, weil sich der ursprünglich geplante Prolog zu einem eigenständigen Vorspiel mit elf Auftritten ausweitet (*Wallensteins Lager*). Um eine größere Zahl von Typenfiguren ergänzt, spiegelt er nun die Realität des Krieges, der sich selbst ernährt, in drastischen Bildern, schließt aber zugleich eine nicht unproblematische Tendenz zur Idealtypik ein, wie sie Massenszenen auch in Schillers späteren Dramen aufweisen werden. Im Zusammenhang mit der kompositorischen Neustrukturierung entscheidet er sich zu einer Dreiteilung

des Dramas, die schon Goethe empfohlen hatte. Für die Bühnen-
aufführung stellt er neben das *Lager* zunächst ein ausgedehntes
Mittelstück, das knapp 3900 Verse umfaßt; der dritte Teil der
Tragödie beginnt hier erst nach Max' Abschied von Octavio mit
dem Gespräch zwischen Thekla und der Gräfin Terzky (in der
Druckfassung Akt III von *Wallensteins Tod*). Am 12. Oktober
1798 findet aus Anlaß der Wiedereröffnung des durch den Stuttgarter Architekten Thouret geschmackvoll umgestalteten Weimarer Hoftheaters die Premiere des *Lagers* statt. In gehetztem
Arbeitstempo, unter dem Druck Goethes, wird der Text der *Piccolomini* zum Jahresende abgeschlossen; die Uraufführung geht
am 31. Januar 1799 vor den Augen des Herzogs in Weimar über
die Bühne. Am 17. März 1799 beendet Schiller *Wallensteins
Tod*; der Weimarer Premiere (am 20. April) folgt einen Monat
später eine durch Iffland einstudierte Aufführung in Berlin.

Die *Wallenstein*-Tragödie präsentiert eine moderne Anatomie
der Macht; die Autorität der Verwaltungsstäbe, die Winkelzüge
der höfischen Bürokratie und die arkanen Wege des Nachrich-
tenverkehrs beeinflussen das politische Geschehen in einer für die
Akteure schwer durchschaubaren Weise. Der Eindruck, daß an-
onymisierte Entscheidungsprozesse das Geschick der politisch
Handelnden bestimmen, verknüpft sich mit dem Bild der kollektiven Soldatenmassen, wie sie die Szenen des *Lagers* vorführen.
In der Abhandlung *Ueber das Pathetische* spricht Schiller 1793
spöttisch von den Königen der klassizistischen Tragödie Frankreichs, die sich wie die Monarchen aus «den alten Bilderbüchern»
mit ihrer Krone «zu Bette legen» (20, 197). Im *Wallenstein* zeigt
sich die Regierungsgewalt dagegen nicht durch die Symbolik tra-
ditioneller Herrschaftsrequisiten, sondern über moderne Funk-
tionseliten vermittelt, welche die Machtverhältnisse kontrollie-
ren, indem sie Entscheidungsprozesse durch geheime Informa-
tion und die Winkelzüge der Kabinettspolitik lancieren.

Daß der Machtmensch und Taktiker Wallenstein den Versuch, seine Freiheit in enger werdenden Entscheidungsspielräu-
men zu behaupten, am Ende mit dem Tod bezahlen muß, findet
bei Schiller seine Ursache in der verblendeten Hybris des Helden. Verantwortlich für sein politisches Scheitern ist eine Serie

schwerwiegender persönlicher Irrtümer und Fehlurteile, denen
Wallenstein in ungebrochener Selbstherrlichkeit unterliegt. Er,
der sich für einen Seelenkenner hält («Hab ich des Menschen
Kern erst untersucht, | So weiß ich auch sein Wollen und sein
Handeln», T v. 959 f.), täuscht sich in der Einstellung Octavios
und Buttlers, schlägt die Warnungen seiner Vertrauten leichtfer-
tig in den Wind und beschleunigt so die Katastrophe (P v. 884 f.,
T v. 1440 ff.). Zudem bleibt es fatal, daß er «planlos» und in
«Gedanken» (T v. 171, 248) mit einer Annäherung an die
Schweden spielt, obgleich er doch hätte wissen müssen, daß die
Realität des Krieges ein solches Temporisieren kaum ungestraft
läßt. Wallenstein scheitert in der Rolle des Verräters, weil er die
Regeln der politischen Vernunft ignoriert, deren strikter Befol-
gung er seine bedeutende militärische Karriere verdankt. Der
seit Goethes Rezension so genannte ‹Achsenmonolog› (T I, 4)
spiegelt daher weder eine strategische Gemengelage noch das
Aufbruchspathos eines ‹Idealisten›, sondern einzig die Ahnung,
daß der Rückweg zur kaisertreuen Loyalität ihm unumkehrbar
versperrt ist: «Ich müßte die Tat *vollbringen*, weil ich sie *ge-
dacht*, | Nicht die Versuchung von mir wies – das Herz | Genährt
mit diesem Traum, auf ungewisse Erfüllung hin die Mittel mir
gespart, | Die Wege bloß mir offen hab gehalten?» (T v. 140 ff.)
Wallensteins Annäherung an die Schweden ist das Resultat eines aus Überschätzung der eigenen Position folgenden
Handlungszwangs ohne dezidiert politische Absicht. Zwar trägt
den ‹Achsenmonolog› jener «Ideenschwung», den Schiller in
einem Brief an Karl August Böttiger vom 1. März 1799 als wesentliches Element der Tragödienqualifikation seines Helden beschreibt (30, 34), doch verwandelt sich Wallenstein unter seinem
Gesetz keineswegs vom machtorientierten Realisten zum idea-
listischen Visionär. Seine Kritik der ‹traditionalen Herrschaft›
(Max Weber) dient lediglich der moralischen Begründung des be-
vorstehenden Verrats («Weh dem, der an den würdig alten Haus-
rat | Ihm rührt, das teure Erbstück seiner Ahnen!» [T v. 213 f.]),
besitzt aber kein programmatisches Gewicht. Wenn Wallenstein
zu den Schweden überläuft, so bildet das ein Ergebnis äußeren
Zwangs, ohne daß dem Bündniswechsel ein konkreter Friedens-

wunsch, – als politisches Äquivalent zur rhetorisch bleibenden
Erneuerungssehnsucht des Monologs – zugrunde liegt.

Wallensteins Widersacher Octavio Piccolomini zeigt sich dagegen als loyaler Untertan seines Kaisers, der den ehemaligen
Gefährten in den Tod stürzt, weil ihn die Staatsräson stärker
bindet als die persönliche Freundschaft. Gegenüber Böttiger erklärt Schiller am 1. März 1799, er rechne Octavio zu jenen Personen, «die von Recht und Pflicht strenge Begriffe haben». Daß
er, wie sein Sohn Max ihm vorwirft (P v. 2463), «ein schlechtes
Mittel» wählt, um sein Ziel zu erreichen, wird in Schillers Urteil
durch den «guten Zweck» aufgewogen, den er verfolgt: «Er will
den Staat retten, er will seinem Kaiser dienen, den er nächst
Gott als den höchsten Gegenstand aller Pflichten betrachtet.»
(30, 33) Octavio, der keine Lichtfigur, sondern – nach der Charakteristik Thomas Manns – der «weltmännisch kühle Diplo-
mat» mit einer Mischung aus «Vornehmheit und Tücke» ist, erläutert die innere Logik seiner Strategie im Gespräch mit Max,
der ihm Täuschung und Verstellung vorhält, mit einem signifikanten Bild: «Der Weg der Ordnung, ging er auch durch Krüm-
men, | Er ist kein Umweg. Grad aus geht des Blitzes, | Geht des
Kanonballs fürchterlicher Pfad – | Schnell, auf dem nächsten
Wege, langt er an, | Macht sich zermalmend Platz, um zu zer-
malmen. Mein Sohn! Die Straße, die der Mensch befährt, | Wo-
rauf der Segen wandelt, diese folgt | Der Flüsse Lauf, der Täler
Krümmen, | Umgeht das Weizenfeld, den Rebenhügel, | Des Ei-
gentums gemeßne Grenzen ehrend – | So führt sie später, sicher
doch zum Ziel.» (P v. 468 ff.) Octavios Position entspricht Schillers Diktum aus den *Karlos*-Briefen, daß Gutes nur schaffe, was
auch natürlich sei (22, 172); das auf Offenheit setzende Konzept seines Sohnes, der in der Liebe zu Thekla eine trügerische
Idylle inmitten der Verwüstungen des Krieges erlebt, sät dagegen ungewollt Gewalt, weil es keinen Kompromiß kennt: eine
Gewichtung, in der Schiller seine gewachsene Distanz gegenüber allen Formen eines realitätsfernen Idealismus bekundet.

Die tragische Konsequenz des *Wallenstein*, in der zeitgenössische Kritiker wie Hegel und Süvern die Trostlosigkeit einer zum
Gräßlich-Exzentrischen gesteigerten Ästhetik des Schreckens

erblickten, liegt darin, daß der Verlauf der Ereignisse weder Max noch Octavio vollends Recht gibt. Stirbt Max, zerrissen zwischen seiner Loyalität gegenüber dem Kaiser und der Neigung zu seinem Ersatzvater Wallenstein, in einer folgerichtigen, aber zugleich selbstzerstörerischen Aktion unter schwedischen Bajonetten, was letzthin das Bild von der destruktiven Kraft der gerade fliegenden Kanonenkugel bestätigt («Da kommt das Schicksal – Roh und kalt | Faßt es des Freundes zärtliche Gestalt | Und wirft ihn unter den Hufschlag seiner Pferde –» [T v. 3177 ff.]), so wird Octavio am Ende durch die kaiserliche Nobilitierung, die ihm der Wiener Hof zukommen läßt, ins Zwielicht des Opportunismus gestellt. Die Regieanweisung, mit der die Trilogie schließt, zeigt, daß in einer Welt, deren Schicksal nach Napoleons berühmtem Wort die Politik geworden ist, für moralisch reine Lösungen kein Platz bleibt: «*Octavio erschrickt und blickt schmerzvoll zum Himmel.*» (8, 354)

XI Ein klassisches Endspiel. *Maria Stuart*

Mit der historischen Figur der schottischen Königin Maria Stuart setzte sich Schiller bereits im Winter 1782/83 in Bauerbach auseinander. Von Reinwald entlieh er William Robertsons *Geschichte von Schottland*, die seit 1762 in deutscher Übersetzung vorlag, ferner William Camdens *Annales rerum anglicarum et hibernicarum regnante Elizabetha* (1615). Der Plan einer dramatischen Behandlung wurde damals nicht realisiert, doch bleibt Schiller dem Sujet in den folgenden Jahren auf der Spur. Ende März 1788 übersendet er ein aus der Weimarer Bibliothek stammendes Leihexemplar der deutschen Übersetzung von Robertsons Schrift an Charlotte von Lengefeld und fügt hinzu, sie möge sich «die Leiden der armen Königin zu Herzen gehen» lassen (25, 32). Im April 1799, unmittelbar nach der Weimarer Uraufführung von *Wallensteins Tod*, erinnert er sich wieder an das ältere Vorhaben. Relativ zügig wird das Quellenstudium ab-

solviert, das Schiller in vertraute Zeitverhältnisse führt: in die
konfessionalistischen Konflikte der zweiten Hälfte des 16. Jahrhunderts, mit denen er sich im Zusammenhang der Arbeit an
seiner niederländischen Geschichte bereits gründlicher befaßt
hatte. Neben Robertson, dessen Darstellung der Regierungszeit
Karls V. schon für den *Don Karlos* gute Dienste leistete, und
Camdens *Annales* liest er George Buchanans *Rerum Scoticarum
historia* (1582) sowie dessen *Detectio Mariae reginae Scotorum*
(1568), eine aus proelisabethanischer Perspektive verfaßte An-
klageschrift gegen die schottische Königin.

Die Probleme bei der Strukturierung des Stoffs lagen jetzt auf
einer anderen Ebene als im Fall der *Wallenstein*-Trilogie. Was
diese im Übermaß bot, fehlte der *Maria Stuart*: die weit ausla-
dende politische Aktion. Das Drama über die letzten Lebensta-
ge der entmachteten Königin Schottlands, die von ihrer Tante
Elisabeth seit 19 Jahren festgehalten und schließlich unter dem
Verdacht, wiederholt Attentate gegen sie geplant zu haben, zum
Tode verurteilt wird, bot lediglich eine an wüsten Verwicklun-
gen reiche Vorgeschichte. So war Schiller genötigt, seinem Trauerspiel die notwendige Substanz durch die strikte Konzentration auf die beiden Widersacherinnen und deren zwielichtige
Vergangenheit zu verschaffen. In mehreren Briefen erläutert er
Goethe seine Konzeption, die darauf abzielt, die schottische Königin von Schuld partiell zu entlasten, ohne sie zur mustergül-
tigen Heldin zu verklären: «Meine Maria wird keine weiche
Stimmung erregen, es ist meine Absicht nicht, ich will sie immer
als ein physisches Wesen halten, und das pathetische muß mehr
eine allgemeine tiefe Rührung, als ein persönliches und individuelles Mitgefühl seyn. Sie empfindet und erregt keine Zärtlich-
keit, ihr Schicksal ist nur heftige Paßionen zu erfahren und zu
entzünden» (30, 61). Als problematisch erweist sich zunächst
die juristische Thematik, wie sie durch den Streit über die Be-
fugnisse der in diesem Fall urteilenden englischen Richter bezeichnet ist, in dem Schiller eine «Tendenz zur Trockenheit»
(30, 71) erkennt, die er aber nicht aufheben möchte, da er den
Rechtsdisput für ein fundamentales Element der frühzeitig
sichtbar zu machenden tragischen «Catastrophe» hält (30, 61).

Maria bleibt bei Schiller der aus aristotelischer Sicht ‹ideale› tragische Charakter: Schuldig ist sie in ihrer Rolle als untreue Ehefrau und Anstifterin zum Mord, während sie nun für ein Verbrechen, das sie nicht beging, schuldlos hingerichtet werden soll (die Quellen entlasten sie freilich so eindeutig nicht, wie es die Tragödie tut). Elisabeth wiederum gewinnt die Konturen der Herrscherin ohne Charisma (auch dieses gegen die geschichtliche Überlieferung); sie erscheint als überforderte Regentin, die vor ihrer Verantwortung flieht und am Ende die Folgen ihrer Inkonsequenz allein tragen muß: im Zentrum der Macht bleibt sie schließlich als Gefangene ihres Amtes einsam und verbittert zurück. Wieder zeigt sich die Geschichte als Vollzugsorgan der Zerstörung, unter dessen unerbittlichem Gesetz niemand dauerhaft den Sieg erringen kann. Auch diejenigen, die wie Shrewsbury oder der nach Frankreich fliehende Leicester mit dem Leben davonkommen, versehen letzthin die Rolle der Verlierer, denen nichts bleibt als die Rettung der nackten Existenz.

Gegenüber den Quellen hat sich Schiller erhebliche Freiheiten erlaubt. Maria und Elisabeth werden entschieden verjüngt (sie zählten 1587 45 bzw. 54 Jahre), um die erforderliche erotische Attraktivität gewinnen zu können, die den dramatischen Konflikt entscheidend bestimmt (30, 163 f.). Während die historische Maria, die seit 1561 in Schottland regiert und 1568 nach einem gegen sie gerichteten (von Elisabeth heimlich unterstützten) Adelsaufstand in England um Exil ersucht hatte, zum Zeitpunkt ihrer Verurteilung bereits 19 Jahre als Staatsgefangene in der Gewalt Elisabeths ist, bleibt die Dauer ihrer Haft im Drama ungewiß. Die Mortimer-Figur ist ein Produkt der Phantasie (die von ihm projektierte Befreiungsaktion hatte der Herzog von Norfolk 1571 geplant), ebenso Leicesters Liebesbeziehung zur schottischen Königin und der Widerruf des Schreibers Kurl, der die Heldin moralisch entlastet, sowie das Abendmahl des Schlußakts, von dem die Historiker nichts berichten. Während Maria Stuart die Beteiligung an der Ermordung ihres zweiten Ehemanns Darnley, der 1566 durch Bothwell (ihren Sekretär und späteren dritten Ehemann) getötet wurde, stets leugnete, räumt Schillers Heldin ihre diesbezügliche Mitschuld ein. Umgekehrt ist sie im Drama, anders als es die Geschichtsschreibung darstellt, für das versuchte Attentat auf Elisabeth nicht verantwortlich (die Historiker sprechen von verräterischen Briefschaften, die man vor ihrer Überführung nach Fotheringhay im September 1586 aufgefunden hatte). Schiller hat Maria damit von aktuellen Vorwürfen entlastet und ihr einzig eine historische Schuld zugewiesen, die man zum Zeitpunkt ihrer Hinrichtung im Februar 1587 als verjährt betrachten konnte. Ihr Tod ist somit im Drama das Resultat eines politischen Unrechts, das wiederum den tragischen Anlaß für ihre innere Läuterung bietet.

Das Trauerspiel beginnt mit einer peinlichen Zimmervisitation, die Sir Paulet und sein schweigender Gehilfe Drugeon Drury in Schloß Fotheringhay durchführen, um Marias geheime Papiere und den von ihr zur Seite gelegten Schmuck an sich zu bringen. «Was macht Ihr, Sir? Welch neue Dreistigkeit! | Zurück von diesem Schrank», ruft die alte Amme Marias empört aus (v. 1 f.). Zeitgenössische Leser dürften geahnt haben, daß Schiller mit dieser (den historischen Details entsprechenden) Exposition nicht nur auf den Fall Maria Stuarts, sondern auch auf das Schicksal einer anderen Königin anspielte, das im Sommer 1800, als das Drama in Weimar seine Uraufführung erlebte, noch sehr frisch im Gedächtnis war: auf die Geschichte der Marie-Antoinette, die am 13. August 1792 im *Temple*, später in der *Conciergerie* inhaftiert, im Herbst 1793 vor Gericht gestellt und am 16. Oktober 1793, neun Monate nach der Exekution ihres Gemahls Ludwig XVI., öffentlich hingerichtet worden war. Rosalie Lamorlière, die Kammerzofe der Königin während ihrer letzten Lebensmonate in der *Conciergerie*, erzählt von «gründlichen Haussuchungen», die «zu jeder Tages- und Nachtzeit» stattfanden (ein Detail, das von der anfänglich mit ihrer Mutter inhaftierten Prinzessin Marie-Thérèse Charlotte rückblickend bestätigt wurde). Auch an anderen Punkten liegen die Parallelen zwischen Schillers Maria und dem Schicksal Marie-Antoinettes offen zutage. Der Kerkermeister Lebeau, oberster Gefängniswärter von La Force, findet sich in Lamorlières Bericht so beschrieben, daß die Ähnlichkeit mit Schillers Porträt des (historischen) Paulet sichtbar wird: Er sei «rauh und streng», aber eigentlich «kein schlechter Mensch». Heißt es über das dürftige Gefängnis, in dem die französische Monarchin die letzten Monate ihres Lebens zubringen mußte, es habe sich durch «entsetzliche Kahlheit» ausgezeichnet, so erklärt die Amme Kennedy bei Schiller: «Wer sieht es diesen kahlen Wänden an, | Daß eine Königin hier wohnt? Wo ist | Die Himmeldecke über ihrem Sitz?» (v. 30 ff.) Die Erinnerungen Rosalie Lamorlières wurden erst 1897 postum gedruckt, jedoch kannte Schiller die Berichte des *Moniteur universel*, der über das Schicksal der königlichen Familie im *Temple* ausführlich informierte. Die äußeren Daten provozierten förmlich den Vergleich mit dem Stoff der *Maria Stuart*, den er fünfeinhalb Jahre nach Marie-Antoinettes Tod dramatisch zu bearbeiten begann: Verlust des Königtums, Gefängnishaft, Anklage wegen vermeintlichen Hochverrats und Hinrichtung bildeten in beiden Fällen die Stationen eines tragischen Sturzes aus den Höhen der monarchischen Macht.

Neben das Leiden an der Rolle des Opfers der Staatsräson tritt bei Maria das Bewußtsein für ihren Status als Monarchin. Zunächst formuliert sie noch in konsequenter Unterscheidung: «Ich bin nicht dieses Reiches Bürgerin, | Bin eine freie Königin des Auslands.» (I,7, v. 726 f.) Im Streitgespräch mit Elisabeth wird daraus eine anmaßendere Bewertung: «Regierte Recht, so läget Ihr vor mir | Im Staube jetzt, denn ich bin Euer König.» (III,4, v. 2451) Schillers Maria inszeniert sich bis zum Ende in der Rolle der gekrönten Majestät, deren Thronanspruch unabhängig von allen Rechtsdeutungen außer Frage steht. Die hypertrophe Selbstdarstellung, die sie im Gespräch mit ihrer Widersacherin an den Tag legt, verfeinert sich schließlich in der Identität der Leidenden, deren Wege nur noch in den Tod führen. Als Opfer der Staatsräson erträgt Maria, die sich ihrer früheren Verfehlungen bewußt ist, ihr Schicksal mit einer Haltung, die an Schillers Begriff der Würde gemahnt. Die passende Formel findet sich schon im ersten Akt: «Man kann uns niedrig | Behandeln, nicht erniedrigen.» (v. 155 f.) Würde zeigt Maria in dem Maße, in dem sie erkennt, daß sie die Freiheit zum aktiven Eingreifen endgültig eingebüßt hat. Besonders sinnfällig spiegelt sich das in der Kleidung der auf das Beil des Henkers wartenden

Delinquentin wider, bei deren Beschreibung Schiller vornehm-
lich auf seinen Quellenautor William Robertson zurückgreift,
dessen *History of Scotland* (1759) er in der deutschen Übersetz-
zung gelesen hat. Bei Robertson heißt es über die zum Schafott
geführte Königin: «Ihr Anzug war ein nettes und prächtiges
Trauerkleid, welches sie, einige wenige Festtage ausgenommen,
schon lange nicht getragen hatte. Ein Agnus Dei hieng an einer
Kette von Bisamäpfeln um ihren Hals herab; der Rosenkranz an
ihrem Gürtel; in der Hand hielt sie ein Crucifix von Elfenbein.»
Schillers Maria ist laut Regieanweisung «weiß und festlich ge-
kleidet, am Halse trägt sie an einer Kette von kleinen Kugeln
ein Agnus Dei, ein Rosenkranz hängt am Gürtel herab, sie hat
ein Kruzifix in der Hand, und ein Diadem in den Haaren, ihr
großer schwarzer Schleier ist zurück geschlagen.» (9, 141)
Sämtliche Elemente von Schillers Beschreibung, die für die Büh-
nenanweisung eines klassizistischen Dramas ungewöhnlich detailliert ausfällt, finden sich folglich bereits bei Robertson dargestellt – mit Ausnahme des schwarzen Schleiers. Sucht man
nach einer Erklärung für diese Ergänzung, so führt die Spur
wieder zurück zur Zeitgeschichte. Rosalie Lamorlière erzählt,
daß sich Marie-Antoinette während ihrer Gefängniszeit selbst
einen ‹Kopfputz› aus schwarzem «Kreppflor» und «Trauerbän-
dern» angefertigt habe – ein Zeichen der Witwenschaft, das sich
bei Schiller zu jenem auf die französische Königin verweisenden
schwarzen Schleier abgewandelt findet, für dessen symbolkräf-
tige Verwendung als Requisit man bisher keine plausible Quelle
erschließen konnte.

Marias Tod, den bereits Schillers Quellenautor Robertson
‹tragisch› nennt, vergegenwärtigt die Ästhetik eines Opfers, in
dessen Vollzug das Leben auf ein Höheres, die Würde, verweist.
Maria muß außerhalb der Bühne sterben, wie es das aristotelische Gräßlichkeitsverdikt verlangt, während Leicester, der ver-
sagende Retter, zum Ohrenzeugen der Exekution wird. Er steht
vor der verschlossenen Tür, die ihn vom Schauplatz der Hinrichtung trennt, und beschreibt, gestützt auf die akustischen
Eindrücke, was das Auge des Zuschauers nicht sehen darf:
«Laut betet sie – | Mit fester Stimme – es wird still – Ganz still! |

Nur schluchzen hör ich, und die Weiber weinen – | Sie wird entkleidet – Horch! Der Schemel wird | gerückt – Sie kniet aufs Kissen – legt das Haupt –» (V, 10, v. 3871 ff.) Die Devestitur der Königin, die auch Robertsons *Geschichte von Schottland* detailliert geschildert hatte, erfolgt bei Schiller in einem entfernten Außenbezirk der Szene, zu dem der Blick des Publikums nicht dringen kann. Die klassizistische Dezenz ist kaum zu überbieten: Die entblößte Königin wird unserer visuellen Imagination entzogen, weil Leicester nicht sieht, sondern einzig hört, wie sie entkleidet wird. Nicht die kreatürliche Nacktheit der getöteten Heldin hält Schillers Inszenierung fest, vielmehr die Würde der gefaßt Sterbenden; statt der Gräßlichkeit der Exekution vermittelt sich dem Zuschauer die von Leicesters Bericht evozierte Erinnerung an jenen «Ausdruck des Widerstandes», den – mit einer Wendung aus *Ueber Anmuth und Würde* – der «selbständige Geist dem Naturtriebe» entgegenstellt (20, 297).

XII Romantische und antike Tragödie.
Die Jungfrau von Orleans, Die Braut von Messina

Am 1. Juli 1800 beginnt Schiller mit der Arbeit an einer dramatisierten Version der entscheidenden Stationen in der Biographie der Jeanne d'Arc. Wieder lagen nur wenige Wochen zwischen dem alten und dem neuen Vorhaben; ein für die letzten Lebensjahre bezeichnender Furor der literarischen Produktion tritt hier zutage, der freilich ruinöse Auswirkungen auf Schillers Gesundheit hatte. Die Krankheit, die in zunehmendem Maße sein gesamtes Verdauungssystem angriff, zwang ihn, bis gegen elf Uhr zu schlafen und die literarischen Geschäfte erst nach dem – gemeinsam mit der Familie eingenommenen – Mittagessen zu beginnen. Das Schreiben fesselte ihn zumeist bis tief in die Nacht; zu den literarischen Vorhaben traten eine ausgedehnte Korrespondenz, die er bei einer Tasse Schokolade zu erledigen pflegte, und redaktionelle Verpflichtungen für die *Horen* oder den Almanach. In Perioden besonders gesteigerter Arbeitsbelastung verließ Schiller sein Haus wochenlang nicht. Aus Furcht vor Infektionen mied er im Winter ausgedehntere Ausflüge (der Verleger Göschen hatte ihm bereits im Spätwinter 1791 nach dem ersten Ausbruch der chronischen Krankheit einen Pelz geschenkt; 26, 80); in der Weimarer Zeit benutzte er für Besuche bei Goethe zumeist eine Sänfte, um sich vor der Luft zu schützen, von der er annahm, daß sie gefährliche Keime enthielt. So stand in den letzten Lebensjahren das gesamte Alltagsleben unter dem Gesetz der imaginären Erfahrung im Zeichen literarischer Phantasie; von der Welt blieb ein Schirm aus Papier, der sich vor den Fensterscheiben breitete, wie es der Brief an Goethe vom Oktober 1795 formulierte (28, 75).

Gegenüber Körner erklärt Schiller am 13. Juli 1800 über das Sujet der Jeanne d'Arc: «Mein neues Stück wird auch durch den Stoff großes Intereße erregen, hier ist eine Hauptperson und gegen die, was das Intereße betrifft, alle übrigen Personen, deren keine geringe Zahl ist, in keine Betrachtung kommen.» (30, 173) Schillers Eingriffe in die Geschichte der Jeanne d'Arc reichen weiter als im Fall des *Wallenstein* und der *Maria Stuart*. «Das historische ist überwunden», heißt es am Weihnachtstag des Jahres 1800 kurz vor dem Abschluß des zweiten Akts, «und doch so viel ich urtheilen kann, in seinem möglichsten Umfang benutzt, die Motive sind alle poetisch und größtentheils von der naiven Gattung.» (30, 224) Dieses Moment des ‹Naiven› entsteht dadurch, daß Schiller das Sujet konsequent sublimiert. Gegen Voltaires Versepos *La Pucelle d'Orléans* (1762), das die historische Johanna aus aufgeklärt-rationalistischer Sicht als verblendetes Bauernmädchen bloßgestellt hatte, setzt er den Anspruch einer ‹romantischen› Version der historischen Überlieferung. In einem Brief an Körner heißt es am 5. Januar 1801: «Schon der Stoff erhält mich warm, ich bin mit dem ganzen Herzen dabei und es fließt auch mehr aus dem Herzen als die vorigen Stücke, wo der Verstand mit dem Stoff kämpfen mußte.» (31, 1) Zahlreiche Elemente der Handlung gehorchen dem Gesetz der freien Imagination: Johannas Familienverhältnisse werden abgewandelt (tatsächlich hatte sie drei Brüder, aber nur eine Schwester); an die

Stelle der ärmlichen Lebenssituation der echten Jeanne läßt
Schiller einen vermögenden ländlichen Hausstand treten, um
eine derbe Bauernsatire à la Voltaire sogleich auszuschließen.
Der Friedenspakt Frankreichs mit Burgund und England, der
erst vier Jahre nach Jeannes Tod (1435) besiegelt wird, bildet
jetzt das unmittelbare Resultat der von der Heldin mit patrioti-
schem Eifer betriebenen Versöhnungspolitik. Erfunden sind das
Johanna auferlegte Liebesverbot, aber auch die Gewalttätigkeit
der als militante Amazone auftretenden Heldin, die de facto nur
Fahnenträgerin, niemals aber Kriegerin gewesen zu sein behauptete (so ihre Aussage im Prozeß von Rouen 1431). Besonders ei-
genwillig verfährt Schiller mit der Gestalt des Herzogs von Burgund, der, anders als im Drama dargestellt, zu Johannas erbit-
terten Gegnern zählte und sie nach ihrer Gefangennahme gegen
eine beträchtliche Summe den Engländern verkaufte. Aus genau
bedachten Gründen weicht der Text auch am Schluß von der historischen Überlieferung ab. Das Drama zeigt die Befreiung und
Himmelfahrt Johannas anstelle von Inquisitionsprozeß und
Hinrichtung (Jeanne wurde neunzehnjährig am 30. Mai 1431
auf dem Marktplatz von Rouen bei lebendigem Leibe ver-
brannt). Die Apotheose der Heldin, die schließlich – um den
Preis des Selbstopfers – zum Weg ihrer religiösen Mission zu-
rückfindet, tritt an den Platz der desillusionierenden geschichtlichen Wahrheit. An Göschen schreibt Schiller am 10. Februar
1802: «Dieses Stück floß aus dem Herzen, und zu dem Herzen
sollte es auch sprechen.» (31, 101)

Als ‹romantische Tragödie› wartet die *Jungfrau von Orleans*
mit Elementen einer zuweilen phantastischen Dramaturgie auf,
die jedoch psychologisch motiviert bleiben, mithin keinem irra-
tionalen Grundmuster folgen (wie Tiecks *Genoveva*-Drama von
1799), sondern das Innere der Heldin beleuchten. So sind die Er-
scheinungen der Himmelsmächte, von denen Johanna im Prolog
und gegenüber König Karl spricht (v. 401 ff., 1070 ff.) und die dä-
monische Gestalt des schwarzen Ritters, die Schiller selbst als
«Gespenst» bezeichnet (32, 72), Chiffren für die Kräfte des Glaubens und der Furcht, die Johannas Psyche besetzen. Die unheim-
lichen Donnerschläge, die das väterliche Verhör in der Kathe-

drale zu Reims begleiten, bilden wiederum die theatralisch effektvollen Kommentare zu dem stummen Schuldbekenntnis, das
sich in Johannas Schweigen äußert. Die romantisch-legenden-
haften Topoi des Dramas verweisen auf die seelischen Spannungen im Inneren der Heldin, helfen aber zugleich, diese szenisch
transparent werden zu lassen; insofern sind sie Produkte einer
‹symbolischen Operation› (im Sinne der Matthisson-Rezension),
die das Unbewußte der Protagonistin anschaulich hervortreten
lassen.

Zum tragischen Konflikt kommt es, als Johanna unmittelbar
nach der Intervention des schwarzen Ritters in der Konfrontation mit Lionel von ihren Gefühlen überwältigt wird: «*In diesem
Augenblicke sieht sie ihm ins Gesicht, sein Anblick ergreift sie,
sie bleibt unbeweglich stehen und läßt dann langsam den Arm
sinken*[.]» (9, 263) Noch vor dem Herzog von Burgund hatte Johanna selbstbewußt auf die wundersame Kraft verwiesen, die ihr
der religiöse Auftrag verlieh: «Ich bin vor hohen Fürsten nie ge-
standen, | Die Kunst der Rede ist dem Munde fremd. | Doch jetzt,
da ichs bedarf dich zu bewegen, | Besitz ich Einsicht, hoher Dinge
Kunde, | Der Länder und der Könige Geschick | Liegt sonnenhell
vor meinem Kindesblick (...)» (v. 1792 ff.) Eben dieser ‹Kindesblick› verliert seine Unschuld im Moment der Begegnung mit
Lionel. Die Augenmetaphorik verrät, daß das ‹Sehen› zugleich
einen Prozeß der sinnlichen Affizierung in Gang setzt, der die
Johanna zum Liebesverzicht nötigende Mission zu gefährden
droht: «Warum mußt ich ihm in die Augen sehn! | Die Züge
schaun des edeln Angesichts! | Mit deinem Blick fing dein Ver-
brechen an, | Unglückliche! Ein blindes Werkzeug fodert Gott, |
Mit blinden Augen mußtest dus vollbringen.» (v. 2575 ff.)

In einer grandiosen Doppelperipetie, die zunächst den Sturz
aus der glanzvollen Krönungsfeier in Reims in das Elend der
Köhlerhütte herbeiführt, dann aber Johannas nochmaliges Ein-
greifen in die Kämpfe, die wunderbare Befreiung aus den Ketten
und den triumphalen Sieg über die mit den Engländern verbündete Königin Isabeau ermöglicht, vollendet sich das dramatische
Geschehen zu einer opernhaften Apotheose, welche die Heldin
mit der Marienfahne zum Himmel aufsteigen läßt: «Der schwere

Panzer wird zum Flügelkleide, | Hinauf – hinauf – Die Erde flieht
zurück – | Kurz ist der Schmerz und ewig ist die Freude!»
(v. 3542 ff.) Daß Johannas Auftrag auch eine politische Dimension birgt, läßt bereits die letzte Strophe der Abschiedsrede des
Prologs ahnen, deren mitreißender Schwung an Rouget de Lisles
Chant de guerre de l'armeé du Rhin, den Text der Marseillaise
erinnert, die 1795 zur französischen Nationalhymne bestimmt
worden war: «Ins Kriegsgewühl hinein will es mich reißen, | Es
treibt mich fort mit Sturmes Ungestüm, | Den Feldruf hör ich
mächtig zu mir dringen, | Das Schlachtroß steigt und die Trom-
peten klingen.» (v. 429 ff.) Die ‹romantische Tragödie› wird hier
auch zum Medium der Zeitreflexion, das die lauter werdenden
Töne des Patriotismus einfängt, die nach 1800, als Reaktion
auf den Siegeszug Napoleon Bonapartes, in deutschen Zeitschriften wie Friedrich Gentz' kurzlebigem *Historischem Journal* (1799–1800) oder Johann Wilhelm Archenholtz' *Minerva*
erklingen. In Johannas Sendungsbewußtsein spiegelt sich eine
nationale Begeisterung, deren aktuellen Ausprägungen Schiller
aufgrund seines kosmopolitischen Weltverständnisses mit eini-
ger Skepsis gegenüberstand. Der «CharakterAnspruch auf die
Prophetenrolle», den ein Brief an Goethe vom 3. April 1801 der
Heldin ausdrücklich attestiert, begründet nicht nur ihre «Selbst-
ständigkeit», sondern zugleich ein Moment des Fanatismus, das
der Opernschluß des Trauerspiels jedoch eher verbirgt als enthüllt (31, 27).

Daß Schiller auch nach der Periode der theoretischen Schriften
programmatische Fragestellungen verfolgte, erweisen gerade die
Perioden der konzeptionellen Auseinandersetzung mit neuen
dramatischen Sujets. Bereits unmittelbar nach dem Abschluß der
Jungfrau nähert er sich dem alten Vorhaben, ein Schauspiel in
antikem Geist – mit Chorelementen nach attischem Vorbild – zu
entwerfen. Am 13. Mai 1801 skizziert ein Brief an Körner den
Ausgangspunkt des Projekts: «Ich habe große Lust, mich nunmehr in der einfachen Tragödie, nach der strengsten griechischen
Form zu versuchen, und unter den Stoffen, die ich vorräthig
habe, sind einige, die sich gut dazu bequemen.» (31, 35) Während des folgenden Jahres treten jedoch andere Vorhaben, dar-

unter der ältere Plan eines politischen Betrugsdramas (*Warbeck*),
in den Vordergrund. Erst im September 1802, nach der Veröffentlichung seiner Bühnenbearbeitung von Gozzis *Turandot*-
Adaption, befaßt sich Schiller intensiver mit dem Antike-
Projekt, das nun auch eine genauere historische Verortung im
sizilianischen Mittelalter zur Zeit der Staufer (spätes 11.Jh.)
empfängt. Körner gegenüber verdeutlicht er die Konturen des
neuen Dramas, das bereits den Arbeitstitel *Die Braut von Messina* trägt; es handelt sich um die Wiederaufnahme eines Stoffs,
der ihn seit den *Räubern* immer wieder gefesselt hat: das Motiv
der feindlichen Brüder, das jetzt, im Zusammenhang der sizilianischen Geschichte des Mittelalters, aufgegriffen wird. Besonders attraktiv findet Schiller den Gedanken, seinen Text am
Modell «einer äschyleischen Tragödie» zu orientieren; er bedürfe in seiner Arbeit «eines gewissen Stachels der Neuheit in der
Form», die hier durch den letzten «Schritt näher zur antiken Tragödie» gegeben wäre (31, 159). Im Herbst findet Schiller, zunächst unterbrochen durch einen Besuch Wilhem von Hum-
boldts, langsam in die Phase der Niederschrift. Am 15. November 1802 heißt es: «Ich habe seit 6 Wochen mit Eifer und mit
Succeß, wie ich denke, gearbeitet. Von der Braut zu Messina sind
1500 Verse bereits fertig. Die ganz neue Form hat auch mich verjüngt, oder vielmehr das antikere hat mich selbst alterthümlicher
gemacht; denn die wahre Jugend ist doch in der alten Zeit.» (31,
72) Am 27. November 1802 kündigt er Cotta an, er werde ihm
das Drama «spätestens Anfang Februars» druckfertig «einschik-
ken» (31, 175). Am 26. Januar 1803 fehlt nur noch «das letzte
Sechsteil» des Textes, das «wahre Festmahl der Tragödien Dichter», die im Schlußakt die Katastrophe ihrer Helden in Szene setzen dürfen (32, 5). Nicht ohne Sorge trägt Schiller am 4. Februar
1803 in großer festlicher Runde vor Carl August und dem Herzog von Meiningen aus dem eben abgeschlossenen Manuskript
vor, erntet dabei jedoch bemerkenswerten Beifall, wie er Goethe
berichtet: «Die gestrige Vorlesung, von der ich mir eine sehr mä-
ßige Erwartung machte, weil ich mir mein Publicum nicht dazu
auswählen konnte, ist mir durch eine recht schöne Theilnahme
belohnt worden und die heterogenen Bestandtheile meines Pu-

blicums fanden sich wirklich in einem gemeinsamen Zustande
vereinigt.» (32, 7)

Am 17. Februar 1803 zieht ein Brief an Humboldt Bilanz:
«Mein erster Versuch einer Tragödie in strenger Form wird Ihnen Vergnügen machen, Sie werden daraus urtheilen, ob ich als
Zeitgenosse des Sophokles, auch einmal einen Preiß davon getragen haben möchte. Ich hab es nicht vergessen, daß Sie mich
den modernsten aller neueren Dichter genannt und mich also
im größten Gegensatz mit allem was antik heißt gedacht haben.
Es sollte mich also doppelt freuen, wenn ich Ihnen das Geständ-
niß abzwingen könnte, daß ich auch diesen fremden Geist mir
habe zu eigen machen können.» (32, 11) Am 27. Februar 1803
findet in Weimar die erste Leseprobe mit den Schauspielern
statt, die Schiller selbst arrangiert. Der Berliner Komponist Carl
Friedrich Zelter, ein enger Freund Goethes, übernimmt im März
die Aufgabe, die Chorpartien in Liedsätze zu übertragen, kann
seine Arbeit jedoch nicht mehr rechtzeitig vor der kurzfristig
angesetzten Premiere abschließen. Schon am 19. März 1803 er-
folgt die Uraufführung; zu den Mitwirkenden gehört auch
Schillers neunjähriger Sohn Karl, der die Rolle eines Pagen versehen darf. Für die ungewohnten Chorpartien setzte man das
Sängerensemble der Hofbühne ein, das sonst nur in Opernin-
szenierungen auftrat. Vor allem die jüngeren Zuschauer reagie-
ren enthusiastisch, während sich die kapriziösen Weimarer Hof-
damen vom pathetischen Furor des düsteren Textes abgestoßen
zeigen. Schiller berichtet Körner am 28. März 1803 von der Premiere: «Was mich betrifft, so kann ich wohl sagen, daß ich in der
Vorstellung der Braut von Messina zum ersten Male den Eindruck einer wahren Tragödie bekam. Der Chor hielt das Ganze
trefflich zusammen und ein hoher furchtbarer Ernst waltete
durch die ganze Handlung.» (32, 25)

Der ‹furchtbare Ernst›, den Schiller hier beschreibt, entsteht
aus der bedrückenden Konfiguration, welche die Brudermord-
Tragödie beherrscht. Die Schuldzusammenhänge, die das Geschehen bestimmen, haben sich gemäß dem Muster der ‹tragischen Analysis› des sophokleischen *König Oidipus* bereits in der
Vergangenheit aufgebaut. Nach dem Vorbild des attischen Dra-

mas sind es zwei Träume, die schon auf das Unheil vorausdeuten, welches dem Fürstenhaus und seinen beiden Söhnen durch die Geburt einer Tochter droht. Der Traum der Fürstin Isabella zeigt einen Löwen und einen Adler friedlich vereint vor einem im Gras spielenden Kind; ein Mönch legt dieses Bild als Zeichen der Versöhnung durch die Tochter aus, die dereinst «der Söhne streitende Gemüther | In heißer Liebesglut vereinen» dürfe (v. 1350 f.). Dem Fürsten prophezeit dagegen nach einem Traum ein Araber, die Tochter werde die Söhne «tödten» (v. 1318 ff.), was die Eltern dazu veranlaßt, das Mädchen «an verborgner Stätte» durch «fremde Hand erziehn» zu lassen (v. 1360 ff.). Die Opposition der Traumdeutungen ist, wie der Verlauf der Tragödie zeigt, nur scheinbar: Die mit Hilfe der Mutter nach der Beerdigung des Fürsten veranlaßte Zusammenführung der zerstrittenen Brüder schlägt in heftig aufblitzende Eifersucht um, als diese erkennen, daß sie dasselbe Mädchen lieben – eben ihre in einem Kloster lebende Schwester Beatrice, deren wahre Identität sie freilich nicht durchschauen. In einer Szene von gesteigerter Dynamik, die auch dem Zuschauer keine Gelegenheit zur Reflexion der Ereignisse läßt, ersticht Don Cesar seinen Bruder Manuel und erfüllt damit die – zunächst ambivalent klingende – Prophetie des Traums seines Vaters, daß die Tochter die Seelen seiner Söhne ‹in heißer Liebesglut› verbinden werde.

Das Vorbild für das Inzestmotiv stellt Horace Walpoles Drama *The Mysterious Mother* (1768) dar, das Schiller zumindest durch eine 1798 im *Intelligenzblatt* der *Allgemeinen Literaturzeitung* publizierte Anzeige der seit 1794 vorliegenden deutschen Übersetzung kannte. Von Walpole übernimmt die Tragödie die innerweltliche Motivation des Geschehens, dessen agonaler Verlauf sich nur bei oberflächlicher Betrachtung als Produkt der Providenz ausweist, faktisch aber auf die schuldhafte Leidenschaftlichkeit Don Cesars zurückzuführen ist. Zwar werden Schicksal und Vorsehung vom Chor wie von den handelnden Personen immer wieder als Auslöser der katastrophischen Ereignisse namhaft gemacht, doch zeigt sich am Ende, daß der Mensch für seinen Weg selbst verantwortlich ist. Die Götter haben sich aus der Welt, die das Drama zeigt, zurückgezogen; sie bilden Berufungsinstanzen für die Leidenden, sind aber letzthin ungreifbar und irreal. Die Modernität von Schillers Versuch, sich mit dem Theater der Griechen zu messen, liegt darin, daß er die Kategorien der Metaphysik als leere Begriffe ausweist, die dem Menschen keine Handlungsorientierung mehr zu verschaffen vermögen. Die von Schmerz zerfressene Donna Isabella muß erkennen, daß die Frage nach dem Wirken einer höheren Schicksalsinstanz unter den Gesetzen des Leidens zweitrangig geworden ist: «Was kümmerts Mich noch, ob die Götter sich | Als Lügner zeigen, oder sich als wahr | Bestätigen?» (v. 2490 ff.)

An die Stelle der Providenz tritt in der Tragödie die irrwitzig erscheinende Macht einer zerstörerischen Naturgewalt, die von den Chören in eindrucksvollen Metaphernkaskaden beschworen wird. Mit der Kraft der «Wetterbäche» (v. 242) aus «Wolkenbrüchen» (v. 244) nimmt, so heißt es, die unheilvolle Entwicklung ihren Gang. Während Isabella vermutet, daß die Natur «redlich» an einem «ewigen Ankergrunde» (v. 361 f.) festliege, der sie zu einem Bild der beständigen Wiederholung bestimme, erweist der Verlauf der Ereignisse gerade ihre dunkle Bedrohlichkeit, hinter der die zerstörerischen Energien nackter Gewalt sichtbar werden. Bricht zum Schluß der Schrecken als «Ungeheuer» des Meeres (v. 2206) über die Menschen herein, so zeigt sich, daß die Natur das Spiegelbild einer inkalkulablen Geschichte ist. Die «sturmbewegten Wellen | Des Lebens» (v. 363 f.), aus denen am Ende in «schwarzen Güssen» die «Bäche des Bluts» (v. 2434 f.) hervorstürzen, bezeugen den unbeherrschbaren Charakter des historischen Prozesses, dessen reißenden Kräften das Individuum hilflos unterworfen ist.

Daß auch die Leitvorstellungen einer idealistischen Anthropologie entleert sind, bestätigt der Freitod des Brudermörders Don Cesar, der nicht auf moralische Superiorität verweist, sondern durch narzißtische Eitelkeit motiviert ist. Der Gestus des erhabenen Helden, der mit «freiem Geist» (v. 2727) über sich selbst entscheidet, trägt Züge der Täuschung, weil er einem mechanischen Konkurrenzdenken entspringt. Dem toten Bruder möchte Don Cesar nacheifern, da er es nicht ertragen kann, ihn als Objekt der Erinnerung kultisch verklärt zu sehen: «Weit wie die Sterne abstehn von der Erde, | Wird Er erhaben stehen über mir, | Und hat der alte Neid uns in dem Leben | Getrennt, da wir noch gleiche Brüder waren, | So wird er rastlos mir das Herz zernagen, | Nun Er das Ewige mir abgewann, | Und jenseits alles Wettstreits wie ein Gott | In der Erinnerung der Menschen wandelt.» (v. 2736 ff.) Der Chor deutet nach Don Cesars Freitod an, daß das Opfer, das er brachte, ambivalent bleibt, weil es die strafbare Verstrickung nicht aufhebt, in die er geriet: «Das Leben ist der Güter höchstes nicht, | Der Uebel größtes aber ist die Schuld.» (v. 2838 f.) Die echte Sühne des ‹größten Übels› kann Cesar durch seinen Suizid schwerlich leisten; sie wäre nur dort erfüllt worden, wo der Einzelne jene Gewaltstrukturen der Geschichte durchbrochen hätte, die jetzt, unter dem Vorzeichen von Tötung und Selbsttötung, auf unheilvolle Weise fortdauern.

Im Mai 1803 hat Schiller zur Erläuterung des Textes für die Druckfassung eine kürzere Abhandlung *Ueber den Gebrauch des Chors in der Tragödie* verfaßt. Sein Ausgangspunkt ist die Frage nach der sentimentalischen Funktion eines Stilelements, das dem attischen Theater, wie es heißt, gleichsam existentiell zugehört: «Der neuere Dichter findet den Chor nicht mehr in der Natur, er muß ihn poetisch erschaffen und einführen, das ist, er muß mit der Fabel, die er behandelt, eine solche Veränderung vornehmen, wodurch sie in jene kindliche Zeit und in jene einfache Form des Lebens zurück versezt wird.» Die Restitution des Chors, mit dessen Hilfe «dem Naturalism in der Kunst» der «Krieg zu erklären» sei, bedeutet einen kreativen Akt, der beim Zuschauer den Sinn für die «großen Resultate des Lebens» schärfen könne, indem er ihn auf den kathartischen Charakter des dramatischen Geschehens verweise: «Der Chor reinigt also das tragische Gedicht, indem er die Reflexion von der Handlung absondert, und eben durch diese Absonderung sie selbst mit poetischer Kraft ausrüstet; eben so wie der bildende Künstler die gemeine Nothdurft der Bekleidung durch eine reiche Drapperie in einen Reiz und in eine Schönheit verwandelt.» (10, 11 ff.)

Das hier umrissene Programm hat Schillers Tragödie selbst jedoch nur in Ansätzen verwirklicht. Der Chor der *Braut von Messina*, der zunächst in zwei Gruppen als parteiisches Gefolge der Brüder auftritt, findet erst am Ende zur Funktion einer ruhigen Richtinstanz, die ein klares Urteil über das Geschehen spricht. Der Erkenntnis, daß der Selbstmörder mit dem Opfer seines Lebens die geschichtliche Schuld nicht abzutragen vermöge, welche die Katastrophe bedingte, geht ein nervöses Wechselspiel der Meinungen und Gegenmeinungen voraus, das den Chor als Interessenvertreter ohne klare Grundüberzeugung ausweist. «Krieg oder Frieden», heißt es schon zu Beginn: «Wir sind bereit und gerüstet zu beiden.» (v. 324 ff.) Wenig später mündet diese vage Ankündigung in die charakteristische Ostentation der Ratlosigkeit: «Laßt es genug seyn und endet die Fehde | Oder gefällts euch, so setzet sie fort. | Was euch genehm ist, das ist mir recht, | Ihr seid der Herrscher und ich bin der Knecht.» (v. 435 ff.) Dem Chor bleibt nichts als das Bekenntnis zum Wechsel, das als besonderes Merkmal der Naturprozesse erscheint: «Mir gefällt ein lebendiges Leben, | Mir ein ewiges Schwanken und Schwingen und Schweben | Auf der steigenden, fallenden Welle des Glücks.» (v. 881 ff.) Die Aufgabe, «das Materielle durch Ideen» (10, 9) zu beherrschen, wird auf diese Weise verfehlt; auch der Chor, der doch den Geist der kathartischen Reinigung repräsentieren soll, erscheint als Spiegel eines modernen, im Sinne Hegels: unglücklichen Bewußtseins, das einer Welt ohne Götter keine Ordnung aufzuzwingen vermag.

XIII Revolution im Naturzustand. *Wilhelm Tell*

Aktuelle Bezüge lagen in der Luft, als sich Schiller zur Jahreswende 1801/02 mit dem *Tell*-Stoff gründlicher zu befassen begann. Der Tell-Mythos gehörte zu den beliebtesten Geschichtslegenden der Französischen Revolution. Man huldigte Wilhelm Tell als Freiheitskämpfer, indem man Pariser Straßen nach ihm benannte, seinen Namenstag (29. November) feierte, ihm ein Denkmal errichtete und ihn zum Schutzpatron der Republik ausrief. Seinen Höhepunkt erreichte dieser Kult, als der Nationalkonvent im August 1793 anordnete, daß die Theater der Metropole regelmäßig *Tell*-Dramen aufzuführen hätten. Zudem rückte die Schweiz nach der Gründung der Helvetischen Republik, die mit Unterstützung Frankreichs 1798 ins Leben gerufen worden war, verstärkt ins Blickfeld der mitteleuropäischen Politik. Das neue Staatsgebilde erwies sich als äußerst brüchig und provozierte bürgerkriegsähnliche Konflikte, die Napoleon 1803 beendete, indem er die alte Kantonatsstruktur restituierte und die Parlamente aufhob. Es ist offenkundig, daß Schiller mit seiner Darstellung der Begründung des Rütlibundes (II,2) auch auf die aktuelle Schweizer Staatsumwälzung anspielte.

Im Sommer 1802 wird die Auseinandersetzung mit den historischen und geographischen Hintergründen des *Tell*-Sujets abgeschlossen. Die szenische Konzeption erweist sich, nicht zuletzt durch die zu epischer Breite tendierenden Materialmassen, als äußerst schwierig. An Körner schreibt Schiller am 9. September 1802: «Uebrigens brauche ich Dir nicht zu sagen, daß es eine verteufelte Aufgabe ist; denn wenn ich auch von allen Erwartungen, die das Publicum und das Zeitalter gerade zu diesem Stoff mitbringt, wie billig abstrahiere, so bleibt mir doch eine sehr hohe poetische Foderung zu erfüllen, weil hier ein ganzes, local= bedingtes Volk, ein ganzes und entferntes Zeitalter, und, was die Hauptsache ist, ein ganz örtliches, ja beinah individuelles und einziges Phänomen, mit dem Charakter der höchsten Nothwendigkeit und Wahrheit soll zur Anschauung gebracht werden.» (31, 160) Mit Rücksicht auf solche Schwierigkeiten wird der *Tell*-Plan zunächst dem Abschluß der *Braut von Messina* geopfert. Erst am 15. August 1803, nach dem triumphalen Theatererfolg des Chordramas, beginnt die gründlichere Ausführung des *Tell*-Manuskripts. Als Modell für die technisch schwierigen Massenszenen dient Schiller Shakespeares *Julius Cäsar*, den er im Herbst 1803 nochmals gründlicher liest. Aus praktischen Erwägungen erarbeitet er in dieser Phase die einzelnen Handlungsstränge des Dramas – die Rütli-Verschwörung und das Tell-Geschehen – getrennt, wie ein Brief an Iffland Anfang Dezember 1803 erläutert: «Gern wollte ich Ihnen das Stück Aktenweise zuschicken, aber es entsteht nicht Aktenweise, sondern die Sache erfordert, daß ich

gewisse Handlungen, die zusammen gehören, durch alle fünf
Akte durchführe, und dann erst zu andern übergehe.» (32, 89)
Nachdem der erste Aufzug am 13. Januar 1804 abgeschlossen
worden ist, steigert sich das Schreibtempo rapide. Bereits am
18. Januar 1804 ist der zweite Aufzug mit der großen Rütliszene
beendet; am 23. Januar werden die ersten beiden Akte nach Berlin geschickt, wo Iffland eine exakt vorbereitete Aufführung
plant. Am 5. Februar 1804 nimmt der Schweizer Historiker Jo-
hannes von Müller, der gerade Weimar besucht, das Manuskript
des dritten und Teile des vierten Aufzugs auf seine Weiterreise
nach Berlin mit: «Ein solcher Bote muss dem Werke selbst Segen
bringen.» (32, 106) Knapp zwei Wochen später ist der gesamte
Text abgeschlossen; Germaine de Staël und Benjamin Constant
zählen am 26. Februar 1804 zu den aufmerksamen Zuhörern,
denen Schiller Auszüge des Dramas vorliest. Nach einer auch für
die Verhältnisse der Zeit extrem kurzen Probendauer findet am
17. März 1804 die Weimarer Uraufführung statt, der innerhalb
weniger Monate Inszenierungen in Berlin, Mannheim, Breslau,
Hamburg, Bremen, Magdeburg und Braunschweig folgen. Im
Mai und Juni 1804 geht der Text in vier Teilen an Cotta nach Tübingen, der ihn zur Herbstmesse 1804 in 7000 Exemplaren auf
den Markt bringt. Die erste Auflage ist binnen weniger Wochen
verkauft, ebenso der rasch veranstaltete Nachdruck mit nochmals 3000 Exemplaren – Zahlen, die das Renommee des Autors
und die Publikumswirksamkeit seines Textes dokumentieren.

Schiller war sich, vor dem aktuellen Hintergrund der napoleonischen Niederschlagung der Helvetischen Republik, der
Wirksamkeit des Stoffs bewußt. In einem Brief an Wilhelm von
Wolzogen schreibt er am 27. Oktober 1803: «(...) auch bin ich
leidlich fleißig und arbeite an dem Wilhelm Tell, womit ich den
Leuten den Kopf wieder warm zu machen denke. Sie sind auf
solche Volksgegenstände ganz verteufelt erpicht, und jetzt besonders ist von der schweizerischen Freiheit desto mehr die
Rede, weil sie aus der Welt verschwunden ist.» (32, 81) In diesem Kontext wäre der *Tell* zu lesen als eine Idylle über die (glük-
kende) Revolution, als Gegenentwurf zur politischen Wirklichkeit des hereinbrechenden napoleonischen Zeitalters. Die Ba-

lancekonstruktion, die Schiller vorführt, bezeichnet die Bedingungen, unter denen nach seinem Verständnis revolutionäres Handeln stehen muß, soll es moralisch und rechtlich vertretbar sein. Der Rütlibund enthält sich jeglicher Gewalt, Tell wiederum tötet den tyrannischen Landvogt Geßler nicht aus politischen Motiven, sondern als Familienvater, der die Sicherheit seines Hauses verteidigt: «Die armen Kindlein, die unschuldigen, | Das treue Weib muß ich vor deiner Wuth | Beschützen, Landvogt (...)» (2577 ff.) Johannes von Schwaben (Parricida), der König Albrecht, seinen Onkel, aus Machtgier umbringt, verübt auf der anderen Seite ein Verbrechen *gegen* die eigene Familie, das auch Tell verwerfen muß: «Gemordet | Hast du, ich hab mein theuerstes vertheidigt» (v. 3183 f.).

In der Rütliszene fällt es Stauffacher, dem Kopf der Allianz, zu, den zentralen Rechtsgrundsatz zu skizzieren, auf den sich der Widerstand der Schweizer zurückführen läßt: «Nein, eine Grenze hat Tyrannenmacht, | Wenn der Gedrückte nirgends Recht kann finden, | Wenn unerträglich wird die Last – greift er | Hinauf getrosten Muthes in den Himmel, | Und hohlt herunter seine ewgen Rechte, | Die droben hangen unveräuserlich | Und unzerbrechlich wie die Sterne selbst – | Der alte Urzustand der Natur kehrt wieder, | Wo Mensch dem Menschen gegenüber steht –» (v. 1275 ff.). Die Metaphorik deutet an, daß der Weg nach der Aufkündigung des Herrschaftsvertrags, der einstmals zwischen Volk und Kaiser existierte, in einen moralisch aufgewerteten Naturzustand zurückführt, der jene Freiheit zur Selbstbestimmung verheißt, die das Habsburgerhaus den Schweizern vorenthält. Stauffacher umreißt hier die Entwicklung von Hobbes' Souveränitätslehre, die dem Untertanen eine Funktion nur als untergeordnetes Element im Riesenkörper des Leviathan einräumt, zum *Contrat social* Rousseaus, der dem Bürger das Recht auf Partizipation am sozialen Ensemble der Normen und Gesetze des ihn schützenden Staates sichern möchte (in den Briefen *Ueber die ästhetische Erziehung* hatte Schiller 1795 noch Vorbehalte gegen die Kontingenzrisiken eines auf freier Kräftebalance beruhenden Gesellschaftsvertrags geltend gemacht, die jetzt zurücktreten dürfen; 20, 315).

Ein wesentliches Element der Schweizer Erhebung bildet der prinzipielle, nur in Ausnahmefällen modifizierbare Verzicht auf Waffen. Dem Rütlibund verordnet Stauffacher die Vermeidung von Vergeltungsakten, die wiederum die moralische Prämisse für das von ihm ausgeübte Widerstandsrecht darstellt: «Zum lezten Mittel, wenn kein andres mehr | Verfangen will, ist ihm das Schwert gegeben – | Der Güter höchstes dürfen wir vertheid'gen | gegen Gewalt – Wir stehn vor unser Land, | Wir stehn vor unsre Weiber, unsre Kinder!» (v. 1284 ff.) Schiller nimmt an diesem Punkt auch Stellung zum großen Disput über Möglichkeiten und Grenzen eines politischen Widerstandsrechts, der unter dem Eindruck der Hinrichtung Ludwigs XVI. im Januar 1793 nicht nur in Deutschland geführt wurde. Der *Tell* zeigt, daß eine Erhebung im Notfall legitim sein kann, sofern sie sich auf dem Boden der Humanität und Gewaltfreiheit bewegt. Das Drama stützt sich dabei auf Johann Benjamin Erhards 1794 entstandene Schrift *Über das Recht des Volks zu einer Revolution*, in der die Ansicht vertreten wurde, daß der Widerstand gegen den Despotismus als moralisch sanktionierter Akt aufzufassen sei, da man Formen despotischer Regierungspraxis als Angelegenheit der gesamten Menschheit betrachten, mithin im Rahmen des Völkerrechts bewerten müsse. Diese Argumentation richtete sich auch gegen die Überzeugung Kants, der 1793 in einem Beitrag für die *Berlinische Monatsschrift* Umsturzhandlungen prinzipiell als Verstoß gegen das Gebot der Unantastbarkeit der souveränen staatlichen Ordnung verworfen und «alle Widersetzlichkeit gegen die oberste gesetzgebende Macht» als «das höchste und strafbarste Verbrechen im gemeinen Wesen» bezeichnet hatte.

Die Aktion der Eidgenossen ist keine konservative Revolution, deren einziges Ziel die Wiederherstellung der traditionellen Bürgerrechte bildet, sondern ein Aufbruch in eine Gesellschaftsform, die im Zeichen der sozialen Gleichheit steht. Walter Fürsts Formel – «Die alten Rechte, wie wir sie ererbt | Von unsern Vätern, wollen wir bewahren, | Nicht ungezügelt nach dem Neuen greifen» (v. 1355 f.) – verschreibt sich zwar einem ausschließlich restaurativen Anspruch, jedoch bezieht sie sich primär auf den friedlichen Modus der Erhebung, ohne damit sozialpolitische

Horizonte zu bezeichnen. Charakteristisch ist, daß sich Melch-thal mit seinem Vorschlag durchsetzt, die Aristokratie von der großen Widerstandsaktion fernzuhalten: «Laßts uns allein voll-enden.» (v. 693) Der alte Attinghausen erkennt die Signale der Zeit, wenn er die Vereinigung der Stände als stützendes Element einer neuen Gesellschaftsordnung beschreibt: «Der Adel steigt von seinen alten Burgen, | Und schwört den Städten seinen Bür-gereid» (v. 2430 f.). Attinghausens Neffe Ulrich von Rudenz, der erst durch Bertha von Brunek in den Kreis der Verschwörer ge-langt, setzt am Ende das Testament des Onkels in die Praxis um: «Und frei erklär' ich alle meine Knechte.» (v. 3290)

Sturz der Fremdherrschaft und neue soziale Egalität bilden die Ziele einer Revolution, die Schillers Drama als (nahezu) gewalt-freies Ereignis darstellt, indem es das politische Geschehen auf das Referenzfeld der Natur bezieht. Erneut leuchtet hier eine triadische Konstruktion auf, wie sie für die Geschichtsphilo-sophie des deutschen Idealismus charakteristisch bleibt. Das Schweizer Hirtenvolk lebte ursprünglich in idyllischen Verhält-nissen, wurde durch die Habsburger in Unfreiheit gestürzt und befreit sich nun zu einer qualitativ neuen Form der Selbstbestim-mung, welche die Restitution der alten Rechte mit einem neuen Programm sozialer Autonomie verknüpft. Die Natur bildet im gesamten Drama das Bezugssystem des politschen Handelns, wie es mit unübersehbarer Symbolkraft der Sonnenaufgang über dem Rütli bei Tagesanbruch nach dem Eidesschwur demon-striert. In solchen Szenen erweist sich nicht zuletzt, daß Schiller ein souveräner Bühnenmeister ist, der es versteht, das Publikum sinnlich zu überwältigen. Bereits die *Jungfrau von Orleans* ent-hielt wirkungsvolle Massenszenen, die den Einsatz des gesamten Theaterapparates verlangten. Im *Wilhelm Tell* steigert sich der dramaturgische Aufwand nochmals: Die Rütlisequenz versam-melt allein 30 Personen auf der Bühne; die Apfelschuß-Szene und die Huldigung für Tell am Ende des Dramas besitzen ähnlich opulenten Charakter. Hinzu treten Gesang und Orchestermusik, die das Schauspiel zur großen Oper werden lassen, welche ganz auf die emotionale Bewegung des Pulikums setzt.

Schiller hat derartige Effekte genau kalkuliert und mit Befriedigung beobachtet, welche mächtigen emotionalen Wirkungen seine Texte bei den Zuschauern auslösten. Am 12. September 1803 schreibt er an Körner, er sei gewiß, daß sein *Tell*-Drama «die Bühnen von Deutschland erschüttern» werde (32, 68). Die szenische Opulenz bleibt für ihn jedoch nur ein Mittel zum Zweck der Anbahnung freier Formen der ästhetischen Erfahrung. Wird die Grenze zum Manierismus überschritten, so sieht er sehr deutlich die Gefahr der Beschränkung des freien Zuschauerwillens durch eine Dramaturgie der Überwältigung, die den Kopf berauscht, statt das Herz aufzuklären. Das Theater bedürfe, wie er gegenüber der Schauspielerin Friederike Unzelmann äußert, der strikten Disziplinierung, damit es die Individualität des dargestellten Konflikts als Gegenstand der «inneren Anschauung» nicht verdecke (42, 386). Auch hier kommt die unbedingte Priorität der Form gegenüber dem Stoff zur Geltung; einzig dort, wo die Bühnenkunst keine neuen materiellen Zwänge erzeugt, sondern als Medium für eine freie Erfahrung jenseits manipulativer Suggestivkräfte operiert, erfüllt es das ästhetische Ideal, das Schiller ihm zugedacht hat.

XIV Vor der Zeit. Bilanz

Ein Jahr vor seinem Tod, Ende April 1804, bricht Schiller in Begleitung seiner gesamten Familie (die jüngste Tochter ist noch nicht geboren) zu einer letzten größeren Reise auf, die ihn nach Berlin führt. Daß ihm eine triumphale Visite bevorstand, wird ihm bereits beim Passieren der Potsdamer Grenzstation bewußt, als ihn ein Offizier des Wachkommandos mit höchster Ehrerbietung begrüßt und sich als exzellenter Kenner seiner Arbeiten ausweist. Im Schauspielhaus sieht Schiller als Ifflands Gast die Inszenierungen der *Braut von Messina*, der *Jungfrau von Orleans* (mit 200 Komparsen in der Krönungsszene) und des letzten *Wallenstein*-Teils. Das Publikum huldigt ihm mit Ovationen, die er gerührt, aber auch beschämt entgegennimmt. Am

17. Mai 1804 läßt ihm der preußische König durch seinen geheimen Kabinettsrat Karl Friedrich von Beyme eine jährliche Pension von 3000 Reichstalern sowie den freien Gebrauch einer Hofequipage für den Fall seiner dauerhaften Übersiedlung nach Berlin in Aussicht stellen.

Am 21. Mai 1804 kehrte Schiller nach Weimar zurück. Das Berliner Angebot schien verführerisch, zumal es finanzielle Möglichkeiten einschloß, die ihm Weimar nicht offerieren konnte. Schiller war nicht frei von materiellem Kalkül; der Gedanke an das bemerkenswerte Honorar, das ihm der preußische König versprach, dürfte ihn als genau rechnenden Ehemann und Familienvater verlockt haben. Am Ende überwog freilich bei ihm die Skepsis gegenüber einem Umzug in ein neues Milieu und den hektischen Zerstreuungen der Metropole, die seine Schreibkonzentration gefährdet hätten. Die durch Carl August unverzüglich gewährte Erhöhung des Hofratssalärs auf 800 Taler jährlich, zu denen, wie Goethe andeutete, «bei schicklicher Gelegenheit noch 200rth» zugelegt werden konnten (32, 480), blieb zwar deutlich hinter der großzügigen Berliner Offerte zurück, doch wußte Schiller, daß er in Weimar Arbeitsumstände vorfand, die durch materielle Leistungen nicht aufzuwiegen waren. Dem Herzog schreibt er am 8. Juni 1804: «Ihre Großmuth, gnädigster Herr, fixiert nun auf immer meinen Lebensplan. Jedem Gedanken an eine Veränderung kann ich mit frohem Herzen entsagen, ich kann mit freudiger Thätigkeit wirken, weil ich nunmehr im Stande bin, etwas für die meinigen zu thun.» (32, 139) Wieder ist es die Vorsicht, die Schillers private Biographie steuert. Ähnlich wie er im Fall seiner Lebensentscheidung für Charlotte von Lengefeld den Weg der konventionellen Rollenteilung beschritt, entschließt er sich jetzt für die Weimarer Arbeitsruhe und gegen die Nervosität der Metropole: Stabilität anstelle von Experimenten. Der Verzicht auf die höhere Pension mochte für ihn verschmerzbar sein, bedeutete er doch zugleich die Fortdauer geregelter Verhältnisse.

Ein knappes Jahr blieb ihm noch, sein Haus zu bestellen. Als Schiller am 9. Mai 1805 starb, lag auf seinem Schreibtisch im Dachzimmer des Domizils an der Esplanade das Manuskript des *Demetrius*-Dramas. Bis zuletzt arbeitete er am Monolog der Marfa, die dem falschen Thronprätendenten nach längerem Zögern – «Und ich allein verwärf ihn, seine Mutter?» (11, 377) – den Weg zum Thron zu ebnen entschlossen ist: «O trag ihm meine glühnde Sehnsucht zu | Ich habe nichts als mein Gebet, mein Flehn» (11, 378). Die Dramenliste, die Schiller seit 1797 führte, enthielt am Ende 32 Titel – darunter eine Tragödie über Charlotte Corday und ein Schauspiel über Heinrich den Löwen (12, 623 f.). Betrachtet man die Konsequenz und Gründlichkeit, mit der er seine Projekte verfolgte, so kann man ahnen, daß dieses Programm Arbeit für mehr als zwei Jahrzehnte bereithielt. «Die Hauptsache ist der Fleiß», schreibt Schiller am 15. November 1802 an Körner, «denn dieser giebt nicht nur die Mittel des Lebens, sondern er giebt ihm auch seinen alleinigen Werth.» (31, 172) Daß es gerade der ‹Fleiß› war, der seine begrenzten Kräfte aufbrauchte, wird ihm bewußt gewesen sein. Das Gesetz des Schreibens, das sein Leben wie ein kategorischer Imperativ beherrschte, ließ sich nicht aufheben, auch wenn es den Körper ruinierte.

Schiller hat die Bewunderung, die sein Werk beim Publikum auslöste, zu Lebzeiten befriedigt registriert. Mit Skepsis begegnete er jedoch Tendenzen zur Verklärung seiner Person, wie sie im Umfeld der Leipziger Aufführung der *Jungfrau von Orleans* und der Weimarer Premiere der *Braut von Messina* auftraten: Er suchte Verbündete, aber keine Jünger. Die Monumentalisierungen, die Schillers Werk – neben derber Kritik – in den Jahrzehnten nach seinem Tod (mit dem Höhepunkt der Feierlichkeiten zum 100. Geburtstag 1859) erfahren hat, sind das Zeugnis einer Kanonisierung, die aus der ahistorischen Verabsolutierung literarischer Normen resultiert. Schiller selbst hat solche Formen der Aneignung für ein besonderes Merkmal der deutschen Kulturgeschichte gehalten. In einem Brief vom 21. Januar 1802 charakterisiert er gegenüber Körner die spezifisch nationale Tendenz zur Vereinnahmung ästhetischer Leistungen als Signum einer Verfehlung ihres spezifischen Wesens: «Wenn man die Kunst so wie die Philosophie als etwas das immer wird und nie ist, also nur dynamisch und nicht wie sie es jezt nennen atomistisch betrachtet,

so kann man gegen jedes Product gerecht seyn ohne dadurch ein-
geschränkt zu werden. Es ist aber im Character der Deutschen,
daß ihnen alles gleich fest wird, und daß sie die unendliche Kunst
so wie sie es bei der Reformation mit der Theologie gemacht,
gleich in ein Symbolum hinein bannen müssen.» (31, 90)

Solche Formen der Versteinerung widersprechen dem Ideal
der ästhetischen Erziehung, an dem Schiller auch nach 1800 entschieden festhält. Die Bildung des Menschen durch das Schöne
ist nur dort möglich, wo das Individuum als vervollkommnungs-
fähig und das heißt: als veränderbar begriffen wird. Seine Freiheit, die sich aus der Harmonisierung sinnlicher und intellektueller Vermögen ableitet, bleibt ein dynamisches Projekt, das keinen Stillstand erlaubt. Die Nachwelt hat, wo sie sich mit Schillers
Werk befaßte, in regelmäßigen Abständen gerade dieses Bewußtsein, daß Bildung Bewegung bedeutet, zu kassieren gesucht. Die
für Ideologien nutzbar gemachte Klassiker-Lektüre – das bor-
niert-chauvinistische und zu Floskeln geronnene Monumentali-
sierungspathos des 19. Jahrhunderts ebenso wie die Schulmei-
sterkritik an Schillers vermeintlicher Weltfremdheit – verfehlt
das innere Zentrum seiner Texte, weil sie zu je unterschiedlichen
Zwecken einfriert, was selbst in permanenter Dynamik begriffen
ist. Wichtiger als der Besitz einer absoluten Wahrheit bleibt für
Schiller der Weg, der zur Perfektibilisierung des Menschen führt.
Am 13. Juli 1793 schreibt er an seinen dänischen Mäzen: «Wäre
das Faktum wahr, – wäre der ausserordentliche Fall wirklich ein-
getreten, daß die politische Gesetzgebung der Vernunft übertragen, der Mensch als Selbstzweck respektiert und behandelt, das
Gesetz auf den Thron erhoben, und wahre Freiheit zur Grundlage des Staatsgebäudes gemacht worden, so wollte ich auf ewig
von den Musen Abschied nehmen, und dem herrlichsten aller
Kunstwerke, der Monarchie der Vernunft, alle meine Tätigkeit
widmen.» (26, 261 f.)

Die literarische Arbeit entspringt dem Wissen über die Man-
gelhaftigkeit der politischen Verhältnisse, insofern sie das Fehlen gesellschaftlicher Autonomie – als *ultima ratio* radikaler
Aufklärung – reflektiert. Vor diesem Hintergrund bedeutet der
ästhetische Idealismus eine Überforderung der Realität, die jen-

seits subjektiver Exzentrik aus einer permanenten sozialen Defiziterfahrung hervorgeht. Schillers Hoffnung auf die erzieherische Wirkung der Kunst sollte jedoch ernstgenommen werden, auch wenn sie im Horizont der wechselnden Schreckensherrschaften der Moderne illusionär anmutet. Ihr Ursprungsort ist ein dialektisches Denken, das sich selbst kontrolliert, indem es seinen dynamischen Charakter als Element einer modernen Bewußtseinsgeschichte begreift. Schillers unabgegoltene Aktualität liegt in dieser offenen Reflexionskultur begründet, die sein Werk zum Element einer progressiven Aufklärung mit dem Treibsatz der permanenten Kritik am *Status quo* werden läßt.

XV Editionen und Forschungsbibliographie

Editionen und Dokumente

[Schiller, Friedrich] Schillers Werke. Nationalausgabe, Weimar 1943 ff., begr. v. Julius Petersen, fortgef. v. Lieselotte Blumenthal und Benno v. Wiese, seit 1992 im Auftrag der Stiftung Weimarer Klassik und des Schiller-Nationalmuseums Marbach a. N. hg. v. Norbert Oellers

[Schiller, Friedrich] Schiller. Werke und Briefe in zwölf Bänden. Im Deutschen Klassiker-Verlag hg. v. Otto Dann u. a., Frankfurt/M. 1988 ff.

Schiller, Friedrich: Sämtliche Werke. Aufgrund der von Herbert G. Göpfert durchgesehenen Originaldrucke hg. v. Peter-André Alt, Albert Meier und Wolfgang Riedel. 5 Bde., München 2004

Fambach, Oscar (Hg.): Schiller und sein Kreis in der Kritik ihrer Zeit. Die wesentlichen Rezensionen aus der periodischen Literatur bis zu Schillers Tod, begleitet von Schillers und seiner Freunde Äußerungen zu deren Gehalt. In Einzeldarstellungen mit einem Vorwort und Anhang: Bibliographie der Schiller-Kritik bis zu Schillers Tod, Berlin 1957 (Ein Jahrhundert deutscher Literaturkritik [1750–1850], Bd. II)

Oellers, Norbert (Hg.): Schiller – Zeitgenosse aller Epochen. Dokumente zur Wirkungsgeschichte Schillers in Deutschland. Teil I 1782–1859, Frankfurt/M. 1970

Oellers, Norbert (Hg.): Schiller – Zeitgenosse aller Epochen. Dokumente zur Wirkungsgeschichte Schillers in Deutschland. Teil II 1860–1966, München 1976

Forschung

1. Gesamtdarstellungen

Alt, Peter-André: Schiller. Leben – Werk – Zeit. 2 Bände, München 2000

Aurnhammer, Achim u. a. (Hg.): Schiller und die höfische Welt, Tübingen 1990

Barner, Wilfried u. a. (Hg.): Unser Commercium. Goethes und Schillers Literaturpolitik, Stuttgart 1984

Berghahn, Klaus L.: Schiller. Ansichten eines Idealisten, Frankfurt/M. 1986

Borchmeyer, Dieter: Weimarer Klassik. Portrait einer Epoche, Weinheim 1994

Brandt, Helmut (Hg.): Friedrich Schiller. Angebot und Diskurs. Zugänge, Dichtung, Zeitgenossenschaft, Berlin, Weimar 1987

Darsow, Götz-Lothar: Friedrich Schiller, Stuttgart, Weimar 2000

Hinderer, Walter: Von der Idee des Menschen. Über Friedrich Schiller, Würzburg 1998

Hofmann, Michael: Schiller. Epoche – Werk – Wirkung, München 2003

Kaiser, Gerhard: Von Arkadien nach Elysium. Schiller-Studien, Göttingen 1978

Knobloch, Hans-Jörg u. Koopmann, Helmut (Hg.): Schiller heute, Tübingen 1996

Koopmann, Helmut (Hg.): Schiller-Handbuch, Stuttgart 1998

Mann, Thomas: Versuch über Schiller, in: Essays, hg. v. Hermann Kurzke u. Stephan Stachorski, Frankfurt/M. 1997, Bd. VI, S. 290–371

Oellers, Norbert: Friedrich Schiller. Zur Modernität eines Klassikers, hg. v. Michael Hofmann, Frankfurt/M., Leipzig 1996

Staiger, Emil: Friedrich Schiller, Zürich 1967

Storz, Gerhard: Der Dichter Friedrich Schiller, Stuttgart 1959
Wiese, Benno v.: Friedrich Schiller, Stuttgart 1963 (3. Aufl., zuerst 1959)

2. Zu den Dramen

Auerbach, Erich: Musikus Miller, in: Mimesis. Dargestellte Wirklichkeit in der abend-
ländischen Literatur, Bern, München 1982 (7. Aufl., zuerst 1946), S. 404–421
Beyer, Karen: «Schön wie ein Gott und männlich wie ein Held». Zur Rolle des weiblichen Geschlechtscharakters für die Konstituierung des männlichen Aufklärungs-
helden in den frühen Dramen Schillers, Stuttgart 1993
Borchmeyer, Dieter: Tragödie und Öffentlichkeit. Schillers Dramaturgie im Zusammenhang seiner politisch-ästhetischen Theorie und die rhetorische Tradition, Mün-
chen 1973
Borchmeyer, Dieter: Macht und Melancholie. Schillers *Wallenstein*, Frankfurt/M.
1988
Guthke, Karl S.: Schillers Dramen. Idealismus und Skepsis, Tübingen, Basel 1994
Hinderer, Walter: Der Mensch in der Geschichte. Ein Versuch über Schillers *Wallen-
stein*. Mit einer Bibliographie v. Helmut G. Hermann, Königstein/Ts. 1980
Hinderer, Walter (Hg.): Schillers Dramen. Interpretationen, Stuttgart 1992
Hofmann, Michael: Friedrich Schiller: *Die Räuber*. Interpretation, München 1996
Janz, Rolf-Peter: Schillers *Kabale und Liebe* als bürgerliches Trauerspiel, in: Jahrbuch
der deutschen Schillergesellschaft 20 (1976), S. 208–228
Kommerell, Max: Schiller als Psychologe, in: Ders.: Geist und Buchstabe der Dichtung.
Goethe, Schiller, Kleist, Hölderlin, Frankfurt/M. 1962 (5. Aufl., zuerst 1939),
S. 175–242
Michelsen, Peter: Der Bruch mit der Vater-Welt. Studien zu Schillers *Räubern*, Heidel-
berg 1979
Pillau, Helmut: Die fortgedachte Dissonanz. Hegels Tragödientheorie und Schillers
Tragödie, München 1981
Reinhardt, Hartmut: Schillers *Wallenstein* und Aristoteles, in: Jahrbuch der deutschen
Schillergesellschaft 20 (1976), S. 278–337
Schings, Hans-Jürgen: Das Haupt der Gorgone. Tragische Analysis und Politik in
Schillers *Wallenstein*, in: Das Subjekt der Dichtung. Festschrift für Gerhard Kaiser,
hg. v. Gerhard Buhr u. a., Würzburg 1990, S. 283–307
Schings, Hans-Jürgen: Die Brüder des Marquis Posa. Schiller und der Geheimbund der
Illuminaten, Tübingen 1996
Sharpe, Lesley: Friedrich Schiller: Drama, Thought and Politics, Cambridge 1991
Werber, Niels: Technologien der Macht. System- und medientheoretische Über-
legungen zu Schillers Dramatik, in: Jahrbuch der deutschen Schillergesellschaft 40
(1996), S. 210–243
Zymner, Rüdiger: Friedrich Schiller. Dramen, Berlin 2002

3. Zur Lyrik

Bernauer, Joachim: «Schöne Welt, wo bist du?» Über das Verhältnis von Lyrik und
Poetik bei Schiller, Berlin 1995
Fechner, Jörg-Ulrich: Schillers *Anthologie auf das Jahr 1782*. Drei kleine Beiträge, in:
Jahrbuch der deutschen Schillergesellschaft 17 (1973), S. 291–303
Kemper, Hans-Georg: Deutsche Lyrik der frühen Neuzeit. Bd. 6/III (Sturm und Drang:
Göttinger Hain und Grenzgänger), Tübingen 2002
Kurscheidt, Georg: Schiller als Lyriker, in: Friedrich Schiller. Werke und Briefe in zwölf
Bänden, hg. v. Otto Dann u. a., Bd. I, Frankfurt/M. 1992, S. 749–803
Oellers, Norbert (Hg.): Gedichte von Friedrich Schiller. Interpretationen, Stuttgart 1996

Riedel, Wolfgang: *Der Spaziergang*. Ästhetik der Landschaft und Geschichtsphilosophie der Natur bei Schiller, Würzburg 1989

Schwarzbauer, Franz: Die Xenien. Studien zur Vorgeschichte der Weimarer Klassik, Stuttgart 1993

Seeba, Hinrich C.: Das wirkende Wort in Schillers Balladen, in: Jahrbuch der deutschen Schillergesellschaft 14 (1970), S. 275–322

Sträßner, Matthias: Tanzmeister und Dichter. Literatur-Geschichte(n) im Umkreis von Jean Georges Noverre, Lessing, Wieland, Goethe, Schiller, Berlin 1994

Vosskamp, Wilhelm: Emblematisches Zitat und emblematische Struktur in Schillers Gedichten, in: Jahrbuch der deutschen Schillergesellschaft 18 (1974), S. 388–407

Ziolkowski, Theodore: The Classical German Elegy. 1795–1850, Princeton 1980

4. Zur erzählerischen Prosa

Dedert, Hartmut: Die Erzählung im Sturm und Drang. Studien zur Prosa des achtzehnten Jahrhunderts, Stuttgart 1990

Herbst, Hildburg: Frühe Formen der deutschen Novelle im 18. Jahrhundert, Berlin 1985

Por, Peter: Schillers Spiel des Schicksals oder Spiel der Vernunft, in: Antipodische Aufklärung. Festschrift für Leslie Bodi, hg. v. Walter Veit, Frankfurt, Bern, New York 1987, S. 377–388

Rainer, Ulrike: Schillers Prosa. Poetologie und Praxis, Berlin 1988

Riedel, Wolfgang: Influxus physicus und Seelenstärke. Empirische Psychologie und moralische Erzählung in der deutschen Spätaufklärung und bei Jacob Friedrich Abel, in: Anthropologie und Literatur um 1800, hg. v. Jürgen Barkhoff u. Eda Sagarra, München 1992, S. 24–53

Voges, Michael: Aufklärung und Geheimnis. Untersuchungen zur Vermittlung von Literatur- und Sozialgeschichte am Beispiel der Aneignung des Geheimbundmaterials im Roman des späten 18. Jahrhunderts, Tübingen 1987

Weissberg, Liliane: Geistersprache. Philosophischer und literarischer Diskurs im späten 18. Jahrhundert, Würzburg 1990

5. Zu den theoretischen Schriften

Berghahn, Klaus L.: Das «Pathetischerhabene». Schillers Dramentheorie, in: Deutsche Dramentheorien. Beiträge zu einer historischen Poetik des Dramas in Deutschland, hg. v. Reinhold Grimm, Frankfurt/M. 1980 (3. Aufl., zuerst 1971), Bd. I, S. 214–244

Dod, Elmar: Die Vernünftigkeit der Imagination in Aufklärung und Romantik. Eine komparatistische Studie zu Schillers und Shelleys ästhetischen Theorien in ihrem europäischen Kontext, Tübingen 1985

Janz, Rolf-Peter: Autonomie und soziale Funktion der Kunst. Studien zur Ästhetik von Schiller und Novalis, Stuttgart 1973

Jauß, Hans Robert: Schlegels und Schillers Replik auf die ‹Querelle des Anciens et des Modernes›, in: Ders.: Literaturgeschichte als Provokation, Frankfurt/M. 1970, S. 67–106

Riecke-Niklewski, Rose: Die Metaphorik des Schönen. Eine kritische Lektüre der Versöhnung in Schillers *Über die ästhetische Erziehung des Menschen in einer Reihe von Briefen*, Tübingen 1986

Riedel, Wolfgang: Die Anthropologie des jungen Schiller. Zur Ideengeschichte der medizinischen Schriften und der *Philosophischen Briefe*, Würzburg 1985

Szondi, Peter: Das Naive ist das Sentimentalische. Zur Begriffsdialektik in Schillers Abhandlung (1972), in: Ders.: Schriften II, hg. v. Jean Bollack, Frankfurt/M. 1978, S. 59–105

Tschierske, Ulrich: Vernunftkritik und ästhetische Subjektivität. Studien zur Anthropologie Friedrich Schillers, Tübingen 1988

Ueding, Gert: Schillers Rhetorik. Idealistische Wirkungsästhetik und rhetorische Tradition, Tübingen 1971

Zelle, Carsten: Die doppelte Ästhetik der Moderne. Revisionen des Schönen von Boileau bis Nietzsche, Stuttgart 1995

6. Zu den historischen Studien

Assmann, Jan: Moses der Ägypter. Entzifferung einer Gedächtnisspur, München, Wien 1998

Dann, Otto u. a. (Hg.): Schiller als Historiker, Stuttgart 1995

Fulda, Daniel: Wissenschaft aus Kunst. Die Entstehung der modernen deutschen Geschichtsschreibung 1760–1860, Berlin, New York 1996

Prüfer, Thomas: Die Bildung der Geschichte. Friedrich Schiller und die Anfänge der modernen Geschichtswissenschaft, Köln 2002

Rüsen, Jörn: Bürgerliche Identität zwischen Geschichtsbewußtsein und Utopie. Friedrich Schiller, in: Schiller. Vorträge aus Anlaß seines 225. Geburtstages, hg. v. Dirk Grathoff u. Erwin Leibfried, Frankfurt/M. 1991, S. 178–193

Seeba, Hinrich C.: Historiographischer Idealismus? Fragen zu Schillers Geschichtsbild, in: Friedrich Schiller. Kunst, Humanität und Politik in der späten Aufklärung. Ein Symposium, hg. v. Wolfgang Wittkowski, Tübingen 1980, S. 229–251

Sharpe, Lesley: Schiller and the Historical Character. Presentation and Interpretation in the Historiographical Works and in the Historical Dramas, Oxford 1982

7. Zur Wirkungsgeschichte

Albert, Claudia (Hg.): Klassiker im Nationalsozialismus. Schiller. Hölderlin. Kleist, Stuttgart, Weimar 1994

Gerhard, Ute: Schiller als «Religion». Literarische Signaturen des 19. Jahrhunderts, München 1994

Grimm, Reinhold u. Hermand, Jost (Hg.): Die Klassik-Legende. Second Wisconsin-Workshop, Frankfurt/M. 1971

Noltenius, Rainer: Dichterfeiern in Deutschland. Rezeptionsgeschichte als Sozialgeschichte am Beispiel der Schiller- und Freiligrath-Feiern, München 1984

Oellers, Norbert: Schiller. Geschichte seiner Wirkung bis zu Goethes Tod 1805–1832, Bonn 1967

Piedmont, Ferdinand (Hg.): Schiller spielen: Stimmen der Theaterkritik 1946–1985. Eine Dokumentation, Darmstadt 1990

Ruppelt, Georg: Schiller im nationalsozialistischen Deutschland. Der Versuch einer Gleichschaltung, Stuttgart 1979

Namenregister